U0581729

# 实践 乡村振兴

梁 策

著

经济日报出版社

**图书在版编目（CIP）数据**

乡村振兴实践 / 梁策著 . —北京：经济日报出版社，2021. 9

ISBN 978-7-5196-0956-6

Ⅰ.①乡… Ⅱ.①梁… Ⅲ.①农村—社会主义建设—研究—中国 Ⅳ.① F320.3

中国版本图书馆 CIP 数据核字（2021）第 207995 号

## 乡村振兴实践

| | |
|---|---|
| 著　　者 | 梁　策 |
| 责任编辑 | 门　睿 |
| 责任校对 | 王阿林 |
| 出版发行 | 经济日报出版社 |
| 地　　址 | 北京市西城区白纸坊东街 2 号 A 座综合楼 710（邮政编码：100054） |
| 电　　话 | 010-63567684（总编室） |
| | 010-63584556（财经编辑部） |
| | 010-63567687（企业与企业家史编辑部） |
| | 010-63567683（经济与管理学术编辑部） |
| | 010-63538621 63567692（发行部） |
| 网　　址 | www.edpbook.com.cn |
| E - mail | edpbook@126.com |
| 经　　销 | 全国新华书店 |
| 印　　刷 | 廊坊市海涛印刷有限公司 |
| 开　　本 | 710×1000 毫米　1/16 |
| 印　　张 | 12. 25 |
| 字　　数 | 145 千字 |
| 版　　次 | 2022 年 1 月第一版 |
| 印　　次 | 2022 年 1 月第一次印刷 |
| 书　　号 | ISBN 978-7-5196-0956-6 |
| 定　　价 | 49. 80 元 |

版权所有　盗版必究　印装有误　负责调换

# 前　言

十九大报告指出："农业农村农民问题是关系国计民生的根本性问题，必须始终把解决好'三农'问题作为全党工作的重中之重，实施乡村振兴战略。"

乡村具有自然、社会、经济特征的地域综合体，兼具生产、生活、生态、文化等多重功能，与城镇互促互进、共生共存，共同构成了人类活动的主要空间。乡村兴则国家兴，乡村衰则国家衰。我国人民日益增长的美好生活需要和不平衡不充分的发展之间的矛盾在乡村最为突出，我国仍处于并将长期处于社会主义初级阶段的特征很大程度上表现在乡村。

国家政策的支持为乡村产业的发展提供了良好的土壤。但是要想与时俱进地走出一条经久不衰的致富路，还需要广大农业生产者创新思路，摆脱单纯的种地思维，结合新技术，向其他产业延伸。

本书立意于十九大报告，围绕乡村振兴产业实践并结合当下"三农"热点问题，重点论述了如何在新时代发展农村产业、建设新农村。书中内容以干货为主，内容全面、详略得当，对没有参考价值的部分不过多赘述。此外，书中对乡村产业实践提出的看法，是市面上其他图书中没有涉及的。

本书内容共分 11 章，从三大角度讲解与乡村振兴有关的知识。其中，第一个角度为乡村振兴的时代趋势，包含了乡村振兴战略的意义解读、乡村振兴与新农村建设的差异、如何因地制宜振兴乡村等内容。

第二角度为新技术对乡村振兴的助力，包含了 5G、物联网、人工智能为农业生产带来的改变，环境监控技术如何助力农业管理等内容。

第三角度为乡村振兴的产业实践，包含了如何入门农村电商行业、农产品如何跨界营销、乡村旅游业的发展要素、如何打造田园综合体等内容。

本书为读者提供了大量的案例分析、内容剖析、原因解释等内容，以便读者在最短的时间内了解乡村振兴战略。本书实用性强，对相关从业者具有借鉴意义。相信读者通过阅读本书，能快速、全面地了解乡村振兴的有关知识，并将其应用到实际的农业生产经营活动中，实现乡村致富梦。

由于笔者个人水平所限，若书中有疏漏之处，恳请读者朋友们予以指正。

# 目 录

第 1 章 乡村振兴："三农"事业大有可为......................................... 1

    1.1 解读乡村振兴战略                       1

    1.2 乡村振兴战略是乡村发展的持久动能      12

    1.3 因地制宜振兴乡村                       21

    1.4 乡村振兴就是新农村建设吗             30


第 2 章 新技术助力实现智慧农业................................................. 35

    2.1 5G 为农业生产降本增效               35

    2.2 物联网精准控制农作物生长环境        44


第 3 章 科学种植提产能，精耕细作促增收..................................... 51

    3.1 传统种植的三个问题                    51

    3.2 新技术带来的农业种植革命             56

第 4 章 环境监控技术助力科学农业管理..................65

　　4.1　监控气象动态　　　　　　　　65

　　4.2　监控农作物生长情况　　　　　68

　　4.3　监控自然灾害　　　　　　　　72

　　4.4　监控劳动力　　　　　　　　　75


第 5 章 高素质、现代化农民的培养方案..................77

　　5.1　农业职业教育　　　　　　　　77

　　5.2　人才如何助力乡村振兴　　　　80

　　5.3　持证上岗，规范化发展　　　　83


第 6 章 推进农业服务业，实现综合性发展..................89

　　6.1　高效农业催生的农业服务业　　89

　　6.2　可落地的农业服务模式　　　　94


第 7 章 农产品深加工摆脱薄利多销的困局 ..................97

　　7.1　低端农产品不好卖的原因　　　97

　　7.2　提升产品价值，品牌化经营　　100

　　7.3　跨界经营，叠加影响力　　　　107


第 8 章 "没有中间商赚差价"的农村电商..................111

　　8.1　从小农户到新农商　　　　　　111

　　8.2　农村电商的成功要素　　　　　128

第 9 章　新媒体带货，新时代的"致富捷径" ...................... 133

　　9.1　突出农业特色定位　　　　　　　　　　　133

　　9.2　规划内容，输出高价值干货　　　　　　　137

　　9.3　搭建商业闭环，提升变现能力　　　　　　145


第 10 章　乡村生态游成为时尚新选择 ........................... 151

　　10.1　乡村旅游焕发新活力　　　　　　　　　　151

　　10.2　打造有"文化味"的乡村旅游项目　　　　154

　　10.3　乡村旅游的衍生服务业　　　　　　　　　159


第 11 章　打造田园综合体，发展高价值农业 ................. 167

　　11.1　什么是田园综合体　　　　　　　　　　　167

　　11.2　如何打造成功的田园综合体　　　　　　　175


附录一　2018—2021 年我国智慧农业发展政策要点与发展目标... 179


附录二　2018—2021 年乡村振兴有关政策盘点 ................... 181


附录三　2018—2021 年乡村旅游相关政策盘点 ................... 183


附录四　2018—2021 年关于城乡结合发展的相关政策盘点 ......... 185


附录五　构建田园综合体有关政策盘点 ........................ 187

# 第1章
# 乡村振兴："三农"事业大有可为

我国是农业大国，农业和乡村是国家发展的基石。乡村振兴是我国现阶段发展的重要目标。本章将沿着如何出现—有何意义—怎么做的思路，具体介绍乡村振兴战略的兴起背景和其意义，以及乡村振兴战略的实现路径。

## 1.1 解读乡村振兴战略

目前，我国存在着乡村面临相对落后、城乡发展不平衡加剧等问题。乡村地区作为我国的重要组成部分，其发展程度与我国的发展程度息息相关。下面将具体解读乡村振兴战略的时代背景。

### 1.1.1 为什么要推行乡村振兴战略

背景一是乡村面临相对落后的客观事实。

村庄是农业、农民与农村发展的载体，它是乡村振兴的主体部分。但就目前情形来看，由于缺乏竞争力，乡村相对落后。年轻劳动力为谋求发展，纷纷离乡迁往城市，乡村不免有些萧条沉寂。这种状态主要表现在如下几个方面。

## 1. 土地方面

土地是乡村和农民的重要资产，但如今乡村存在土地利用率不断降低的情况。

造成土地利用率降低的原因有三：其一是土地被抛荒。许多农民不注重土地可持续化使用，产生诸如将稻田沥干为菜地，经过一段耕种后闲置的情况。

其二是农田过度保护。许多农村缺少建设用地，但依旧实施农田保护政策。过度保护农田反而会影响乡村的发展。比如，开发乡村旅游项目需要用地，但部分乡村因为保护农田就放弃开发，殊不知旅游项目会为农田带来更高的价值。

其三是土地使用和交易受限严重。农民只能利用土地种植农作物，土地无法为农民带来其他财富。

## 2. 经济方面

受通货膨胀的影响，物价持续上涨，乡村生活的成本与城市生活成本相差不多。但乡村地区的收入低于城市地区，因此村民的生活品质不高，人们无法满足相对贫困的乡村生活。

此外，乡村的发展缺乏产业支撑。产业能够为乡村发展提供道路，为乡村吸引人才、创造价值。但部分乡村在缺乏产业支撑的情况下便追求发展，自然无法如愿。

### 3. 人口方面

人口方面有两个问题：一是人口减少问题。过重的经济压力使得许多适龄人口放弃生子，外加大量劳动力向城镇流动，导致乡村人口减少，缺乏经济发展的动力；二是村民素质问题。乡村教育资源匮乏，民众知识层次低，创新能力弱，无法跟随时代的脚步发展。

虽然乡村面临衰落已成客观事实，但乡村的发展潜力是巨大的。乡村应针对现状制定发展计划，坚持乡村振兴的发展战略。

背景二是城乡发展不平衡尤为明显。

我国存在着城乡发展不平衡的情况，其主要表现在三个方面。

（1）经济方面的不平衡

城镇历来是我国经济发展的重点区域，非农产业历来是我国经济发展的重点产业。农村与农业的发展常被忽视，资金、技术、人才等发展要素都集中到城镇和非农产业中，农村地区的经济发展因而落后于城镇。这是经济方面的不平衡。

（2）基础设施建设与公共服务供给方面的不平衡。

我国传统的"城乡分治"资源配置方式是导致城乡基础设施建设与公共服务供给严重失衡的主要因素。在这种资源配置方式的影响下，政府为城镇基础设施建设和公共产品提供资源，而乡村则多由农民自行负责。因此，前者的发展速度远超后者，且城乡之间的发展差距还在不断扩大，造成恶性循环，如图 1-1 所示。

（3）城乡居民收入水平与社会保障水平方面的不平衡

城镇与乡村在诸如教育、医疗、文化和社保制度等方面的发展

图 1-1  城乡发展不平衡的恶性循环

差距极大。城镇居民人均可支配收入为农村居民的数倍。农民收入增长空间有限，农业发展受自然因素制约，同时农产品利润空间有限，农民理财能力弱，这些因素都制约了农民的收入；而城镇居民普遍受教育水平较高，收入增长空间大且投资机会多。

此外，城镇区域的社会保障制度相对完善，居民抗风险能力强于乡村地区的居民。

城乡发展不失衡的情况仍在日益加剧，其已成为构建和谐社会的障碍。这种不平衡同时也是农业、农村、农民三农问题的集中反映。打破这种不平衡，需要大力实施乡村振兴战略。

背景三是建设社会现代强国目标。

作为农业大国，农业、农村和农民是我国安定和改革发展的基础与依靠，农业是国民经济的支柱之一，农民是全社会的基础阶层，而实施乡村振兴战略是解决三农工作的根本措施。

我国现代化道路必须注重"木桶效应"的影响。"木桶效应"指的是要想将一只木桶装满水，那它的每块木板都必须高度相同且没有破损，一旦木板中有一块不齐或某块有破洞，那这只桶就无法装满水。而一只木桶能装多少水，不是由最长的那块板决定，而是取决于最短的那块。此外木板之间的结合是否紧密、牢固也非常重要，若木板间存在缝隙，便无法装水。

在我国现代化这个木桶上，每个领域都是关键的木板。决定国家综合实力的不只是最出色的行业和发展最快的领域，而是要看各领域与各行业的综合实力。而综合实力的好坏取决于一个国家是否存在过于薄弱的领域，即劣势决定优势。它警示国家要补齐短板，同时注意各领域与各行业之间要紧密配合。

我国现代化道路包含农业现代化，农村不会随着现代化而消失。但农业现代化是我国现代化道路的短板，因此实施乡村振兴战略是补齐这块短板的迫切要求。

## 1.1.2　乡村振兴战略的重要价值

乡村振兴战略是符合我国国情和发展需要的发展战略，它对我国诸多方面的发展有着重大意义。

意义一：从根本上解决"三农"问题

目前，我国社会的主要矛盾为人民日益增长的需求和区域间发展不平衡之间的矛盾，而影响着国计民生的关键问题则为农业、农村、农民的"三农"问题。实施乡村振兴战略则能从根本上解决三农问题。

首先，实施乡村振兴战略能够"富业"。2018 年中央一号文件提出，必须坚持质量兴农、绿色兴农，以农业供给侧结构性改革为主线，加快构建现代农业产业体系、生产体系、经营体系，提高农业创新力、竞争力和全要素生产率，加快实现由农业大国向农业强国转变。这就要求必须在科技上下功夫，必须强化乡村振兴科技支撑，要完善成果转化激励机制，促进科技成果转移转化，着力解决科研和生产"两张皮"及科技服务"最后一公里"的问题。

由此可知，科技对于农业发展的重大作用。而乡村振兴战略的着力点之一便是农业与农村的现代化。"互联网+"乡村振兴工程，能以科技助力乡村发展，发挥先进技术在乡村生态、文化等方面的价值，满足乡村人民日益增长的需求。

其次，实施乡村振兴战略能够"富村"。农村不兴旺，农民便无法富裕。而实施乡村振兴战略后，乡村能够使生产、生活、生态"三生"协调，同时令农业、加工业以及现代服务业融合发展。最终随着农业发展，农村兴旺程度会上升，农民从中获利，乡村便能够留住人才，形成良性循环。

最后，实施乡村振兴战略能够"富民"。乡村地区的创新创业能力弱、贫困人口多，而实施乡村振兴战略能够构建长效机制，推动城乡产业融合发展，令农民通过创新创业摆脱贫困，使农村持续发展，走上现代化的发展道路。

综上，乡村必须坚持实施乡村振兴战略，通过"富业""富村""富民"这三富，彻底解决三农问题。

意义二：弘扬中华优秀传统文化

我国具有几千年的农业社会历史，乡村作为农业社会的发展载体，积淀下了优秀传统文化及灿烂的农耕文明。它们是中华优秀传统文化的根系。此种国情决定了乡村振兴对文化传承的重要性。而随着城乡发展不平衡，农村人口大量流动到城镇，乡村文化主体和文化生态陷入急需传承与振兴的状态。

乡村振兴有两方面的作用：一方面是缩小城乡文化发展差距。城镇与乡村在文化方面的地位不均等，关于文化的公共服务供给不平衡，乡村地区的文化产业发展不充分，而乡村振兴能有效改善这些问题，带动乡村文化的发展。

另一方面是继承与振兴乡村传统文化。中国传统乡村文化博大精深，在为人处世方面，其有耕读传家、严于律己、勤俭持家、精忠报国、崇德向善等传统美德。通过振兴乡村文化，乡村能够重焕生命力，将我国传统文化中的精华部分"唤醒"并"活化"，使其在现代乡村得以延续传承。而这些优秀的精神品格、精神血脉与文化基因能够为乡村振兴提供动力。

意义三：从根本上解决中国粮食安全问题

农业是农村地区的关键产业，它不仅是农民的根，更是农村的魂。振兴农业是振兴乡村的基础和前提，其核心目标是确保国家粮食安全。

实施乡村振兴战略能够使农业迅速发展从而提高农作物产量。作为人口大国，中国对粮食的需求量极大，粮食安全是国家安全的基础条件。乡村振兴战略能够强化科技农业、生态农业与智慧农业，给予耕地红线保障，从根本上解决我国粮食安全问题，使自身免受国际粮食市场的支配，将"饭碗牢牢端在自己手中"。

目前，农业行业的综合效益及竞争力低。欲解决此问题，乡村应将重心放在农业供给侧结构性改革上，将农业政策的重点从增产变为提质，注重农业及农产品的质量、品牌，以科技带动农业发展，打造具有无限生机的可持续发展农业产业。

### 1.1.3　推进乡村振兴战略的步骤

中共十九大报告指出，新时代社会主要矛盾是人民日益增长的美好生活需要和不平衡不充分的发展之间的矛盾。而这种发展不平衡不充分的问题主要表现在乡村地区。因此必须坚持实施乡村振兴战略。实施此战略必须有清晰的规划，本章将从指导思想、格局建设以及产业建设三方面，具体说明乡村振兴战略的实现路径。

首先来看指导思想方面。

2018 年中央 1 号文件制定了实施乡村振兴战略的具体时间规划，如图 1-2 所示。

**2050 年**
乡村全面振兴，农业强、农村美、农民富全面实现

**2035 年**
乡村振兴取得决定性进展，农业农村现代化基本实现

**2020 年**
乡村振兴取得重要进展，制度框架和政策体系基本形成

**图 1-2　乡村振兴战略的具体时间规划**

这份规划表明实施乡村振兴战略具有全局性与长远性，它需要社会各界在新思想的指导下合力推进，坚持奋斗。而指导乡村振兴战略的思想是新时代中国特色社会主义经济思想。

我国的发展经历了站起来—富起来—强起来的过程，在此过程中，经济方面的发展目标从高速增长转变为高质量转化。此种转型决定了城乡发展的优先顺序。

一个国家在不同的发展阶段，对于扶贫脱贫、乡村治理的理论、政策、方法都不尽相同。而当前适用的是新时代中国特色社会主义经济思想。其关于扶贫和乡村治理的论述知道了我国经济社会发展总体战略实践，是乡村振兴战略坚实的理论基础。

其次来看格局建设方面。

现阶段我国实施乡村振兴战略的主要难点集中在生态脆弱区、民族地区和贫困集中连片地区三者。这些地区的经济、文化、制度等方面的发展程度远低于平均水平，但其并非缺乏发展潜力，其发展缓慢与落后的原因是因为受到交通、人才等因素的制约。

这种困境决定了乡村振兴必须要由政府、市场和社会多方合作，为乡村振兴提供更多可能性和可行性。

市场是影响农业资源配置的关键因素，乡村可以利用财政资金促使金融和社会资本"下乡"，将大量人力、财物等资源配置到乡村发展的重点领域与薄弱环节，使乡村振兴的多样化需求得到满足，令工商资本推动乡村振兴。

而政府可以从税收、土地、财政、社会保障等方面推动城乡融合体制的发展进程。政府可以利用政策向农业和农村地区汇聚资源并将其整合，健全乡村的教育、医疗、文化等社会保障体系，为乡村发展提供财政支持。

首先是教育资源。促使大量人口流向城镇地区的关键因素之一就是乡村地区教育资源的不足。城乡发展公平的前提是教育资源的公平。政府必须推进城乡教育资源均衡配置机制的发展，使教育资源向乡村倾斜，以教育资源以留住人口，令乡村地区的儿童能够通过知识改变命运。

其次是医疗资源。健全的乡村医疗卫生服务体系能够为村民的健康水平提供保障。城镇地区吸引乡村人口向其流动的原因之一便是其医疗水平高、医疗体系发达。乡村地区欲提高当地医疗水平，可以实施招揽乡村医疗卫生人才的政策并大力建设医疗卫生服务设施；可以与城镇地区进行合作，共同建立医疗共同体，共享医疗资源；可以利用科技与城市大医院合作，发展远程医疗来缓解农民看病难、看病贵的问题。

再者是文化资源。良好的公共文化资源能够提高农民的生活质量，满足其精神方面的需求。乡村欲健全公共文化服务体系，可以从其设施布局、服务提供等方面入手，令文化资源向乡村地区倾斜，加强公共文化服务体系的覆盖面与适用性，制定更适合乡村特点的文化服务体系。

最后是完善统一乡村地区的社会保险制度。缺乏社会保障体系是乡村发展过程中的一个痛点，也是村民最关注的民生热点。所以乡村应着力完善社会保险制度，充分发挥其保障人民生活、调节社会收入分配的作用。

通过上述做法引导资源合理向农村倾斜，构建多元共治乡村大格局，是实现乡村振兴战略的重要途径。

最后来看产业建设方面。

产业是乡村发展的根基。2021年中央一号文件强调，要"构建现代乡村产业体系""加快健全现代农业全产业链标准体系，推动新型农业经营主体按标生产""建设现代农业产业园、农业产业强镇、优势特色产业集群""推进农村一二三产业融合发展示范园和科技示范园区建设。"

据此可知，建设产业的重点有三点：一是打造智慧农业体系；二是精加工农产品，提高其附加值，延伸农业产业链；三是充分发挥乡村地区的资源优势，促进农业与工业、互联网、旅游等产业融合，建设新兴产业。下面结合井冈山神山村的案例来看一下。

井冈山神山村盛产黄桃，但农作物利润有限，依靠售卖农作物，村民收入始终无法提高。后该村成立了黄桃合作社，在当地领导人的带头下，村民纷纷入股，大力发展黄桃产业并打造了黄桃品牌，品牌成功为黄桃提供了溢价。

后品牌有了一定名气后，当地利用品牌名气举办了"神山黄桃节"，开发了旅游项目，有效促进了三产融合发展，大幅提升了当地的发展水平，尤其是经济方面。

实现农村经济增收，提高农民收入也是乡村振兴的根本目的。但其前提为提高劳动生产率水平。这是因为传统的农业行业风险较大，利润不稳定，因而政府应通过产业融合帮助农业行业分散风险，完善其产业链。

政府可以改革农业供给侧结构性，使农业产业升级。把劳动力、资本等生产要素转移至高附加值的农产品上，提升农产品的质量并满足人民对精品化农产品的需求。此外，政府还可以创新农业经营体制，在家庭经营基础上，培育新型经营主体，重点培养专业合作社、现代农业产业联合体等。

但是创新绝不意味着全盘颠覆。在乡村振兴的过程中，传统的乡村文化、原始风貌与生态环境以及集体情感记忆都应得到合理保护。乡村可以挖掘自身历史故事与文化基因，利用现代手段将其转化为乡村发展的特色与亮点。下面结合桐庐荻浦村的案例来看一下。

荻浦村具有上千年的历史。作为文化古村，其在发展过程中保留了大量古民居和古迹，当地的古造纸文化、古戏曲文化以及孝义文化等传统文化得到了良好的传承。

该村在振兴乡村的过程中，秉承"古为今用，土为洋用"的发展原则，将现代生活方式融合到传统农耕文明中。比如，将始建于宋朝的古戏台改造为村文化礼堂，既保留了古戏台的原始风貌，又赋予其新价值。

通过产业发展途径，乡村可以快速改善农民生活水平，使乡村集体经济得到增长，完成乡村振兴的核心目标。

## 1.2 乡村振兴战略是乡村发展的持久动能

乡村振兴战略是综合我国国情和乡村地区的发展现状而制定的，其目的是打造现代化的、综合能力高的乡村。因此乡村地区的各个方面都会在这一过程中受到影响，做出改变。下面将从人、地、钱三方面，具体介绍乡村振兴战略为乡村地区带来的发展和改变。

### 1.2.1 高端人才盘活乡村经济

乡村地区的发展落后导致大量劳动力和高素质人才涌入到城镇地区，而缺乏人才又导致其发展速度更加缓慢，形成恶性循环。因此人才是振兴乡村的关键点之一。下面将具体介绍乡村振兴战略是如何从人才角度为乡村地区带来改变的。

原因一是"城归族"返乡创业，带活农村经济。

人才是实现乡村振兴战略的关键资源。在现实生活中，由于城市地区拥有优越的资源条件，大多数从乡村走出的人才都会单方面流往城市。而乡村振兴的关键一点就是要改变这种人才"只出不进"的局面，让更多"城归族"返回农村，通过投资、创业等方式带动乡村经济发展。下面结合具体案例来看。

通江县原本是国家扶贫开发工作重点县。当地有近61万农业人口，为改善生活，其中约三分之一人口常年在外务工。近年来，该县为解决人才外流的问题，吸引并鼓励在外务工人员返乡创业。

返乡创业最重要的一步是"盘活资源"。许多农村地区虽然经济落后，但是待开发的资源非常丰富。该县的薛某在返乡前在外从事房地产生意。后其回乡后，看中了家乡的土地与森林资源，牵头成立了一家专业合作社。

利用这些未开发的资源，薛某带领当地人民发展生态种养与森林康养业务。仅一年时间，该地区出栏了约 6 万只土鸡，农家乐客流量也显著增多。这一举动带领了包括所有贫困户在内的 300 多户村民走上了脱贫致富的道路。由于成效良好，当地人民的积极性空前高涨，返乡创业者与当地人民之间形成了一种良性循环。

同样为返乡创业的熊某，利用了该县的闲置土地，带领着该合作社的社员种植了 2100 余亩葡萄园。利用葡萄资源，熊某建成了一家食宿一体的休闲乡村酒店以及一条年产量约 1000 吨的葡萄酒生产线，令当地众多贫困户顺利脱贫。

外流人员往往对家乡有着难以割舍的情怀，这也是"城归族"返乡的一个重要原因。他们能够将新观念与新技术带回家乡，在情怀的基础上奋力投身至乡村振兴的事业中，带活农村经济，使乡村焕发出日益旺盛的生机。

原因二是大量引进高端人才，形成了"雁阵效应"。

返乡创业人员回归家乡，便如同大雁归巢。而高端人才则如同雁群中的领头雁一般，其人格魅力与专业技能可以带动更多的人才投身于回乡创业一事。高端人才具有稀缺性，如何吸引高端人才，形成"雁阵效应"并以此激发乡村活力，是乡村必须重视的问题。

回乡创业的棘手问题之一就是，当地缺乏人才这类的配套资源。由于部分农村地区经济欠发达，优秀人才纷纷外流。比如，公司需要专业素质高的会计，在城市人才资源充足，可以轻松聘请到，但在乡村地区，哪怕以高薪条件都很难聘请到。

针对此种情况，乡村可以参考如下几点做法。

### 1. 为高端人才提供优惠条件

某贫困县的一家公司试图引进遗传育种博士廖某。廖某原本在条件优越的城市地区工作，对于到偏远贫困县工作一事心有顾虑。后该县将廖某上报为需引进的高技术人才，给予廖某落户、科研等优惠条件，成功打消了廖某的顾虑。

人才是乡村振兴的灵魂。若想招揽高端人才，乡村可以采取超常规举措，大力将其引进。当人才数量增长到一定程度后，会形成良性循环，加快乡村发展速度。

### 2. 赋予高端人才荣誉感及责任感

刘某返乡创业后，其妻子与孩子留在了城市区域生活。后适逢刘某孩子高考，其妻子希望刘某返回城市，多陪伴孩子，帮助孩子学习。刘某内心正动摇时，其公司恰好推举新领导，众人将刘某选为领导人。这一举动赋予了刘某责任感，刘某最终决定继续留在乡村。

乡村在招揽高端人才是，应为其提供良好的社会环境，让其在从事乡村振兴事业时能有责任感与荣誉感，如此才能更好吸引并留住人才。

### 1.2.2　土地再利用盘活闲置土地

我国农村地区存在着大量闲置的土地，这些土地本身蕴含着大量价值。与此同时，乡村振兴战略对建设用地有着大量的需求。因此，乡村需要盘活这些闲置土地资源，为乡村振兴的建设用地需求提供保障。

闲置土地共有三种类型，如图1-3所示。

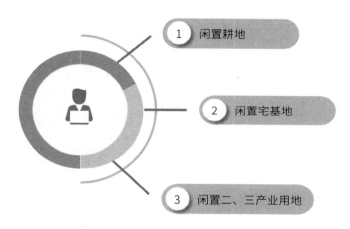

图 1-3　农村闲置土地的三种类型

### 1. 闲置耕地的整理与再利用方法

耕地是农业生产的基础条件。其被闲置的原因有两种：一是遭受污染；二是自然条件差，如土壤肥力低，分布零散等。

针对受到污染的闲置耕地，乡村可以从三方面对其进行治理与修复。首先，依据闲置耕地的受污染情况制定详细的修复计划。这个计划必须包含投入、治理、修复、建设、经营、收益这几项内容；其次，通过社会与政府等多途径来解决污染修复的资金问题；最后，从整体生态角度入手，使用专业技术、雇佣专业人员来进行耕地修复，使被修复耕地能够在整体生态环境中发挥更大作用。

针对自然条件差的闲置耕地，乡村可以从三方面对其进行改善和利用。首先，依据其缺陷针对性地制定改善措施，如水土流失治理等；其次，依据国家建设标准来建设闲置耕地；最后，利用闲置耕地必须遵从现代农业生产要求。

## 2. 闲置宅基地的整理与再利用方法

闲置宅基地分为两种情况，一种为有条件复垦的，一种为无条件复垦的。

针对有条件复垦的闲置宅基地，乡村可以从三方面进行操作。首先，依照闲置宅基地复垦工程的要求进行复垦工作；其次，复垦时要注意建设复垦耕地所需配套设施；最后，按因地制宜的原则经营复垦耕地。

针对无条件复垦的闲置宅基地，乡村可以从两方面探索其商用价值。第一个方面为利用闲置宅基地开展多样化经营，如农家乐、民宿等；第二个方面为拓展并完善宅基地的融资功能。

## 3. 闲置二、三产业用地的整理与再利用方法

首先，地方政府应重视对当地闲置二、三产业用地的统筹管理工作，对其定期清查并统计，做好此方面的信息储备工作；其次，加强对当地闲置二、三产业用地的规划管理；最后，针对性的、科学化的制订处置该土地的方案。

合理利用闲置土地能使乡村的潜在资源进一步转化为经济效益，推进乡村的开发与发展速度。

下面结合白水镇的案例来看一下。

白水镇共开发利用了四处闲置资源。

（1）农贸市场为集体经济增收 30 余万元

白水镇有一处占地面积为 7.72 亩的地块。该地块地理位置偏僻，因此常年闲置。后当地政府经研究决定，镇、村联合在该地块上投资 560 余万元，建设封闭式农贸市场。农贸市场依法收取摊位费及商铺租赁费。此举每年可为集体经济增收 30 余万元。

（2）"生活超市"为村集体经济提供动力

白水镇为改善辖区居民购物环境，通过招商引资将一处闲置地块出租给一家生活超市。该超市投资 200 余万元，处于正常营业的状态。此举为当地集体经济发展提供了支撑。

（3）废弃石场新建生猪屠宰点

白水镇存在着部分屠宰散户。散户屠宰家禽时会带来环境污染，食品卫生条件也相对没有保障。为提升居民居住环境，保障肉食安全，白水镇在经各级政府同意后，将一废弃多年的石场改建为生猪屠宰点。该生猪屠宰点的年收入预计可达 50 余万元。

（4）闲置搅拌站场地再出租

沪昆高铁修筑工作竣工后，在白水镇遗留了闲置的搅拌站场地。后该镇就此搅拌站进行招商引资，经多方协调后以每年 23 万元的标准出租给一混凝土公司。此项目共计投资 860 万元，不仅提高了当地集体收入，还为当地各种项目建设提供了供应水泥的便利。

白水镇盘活了当地闲置资源，将其变成资本，又将资本转化为资金，充分带动了当地人民增收致富，使当地集体经济得到有效壮大。

### 1.2.3  更多投融资渠道盘活工商资本

除了吸引并留住人才、提高土地利用率，为乡村地区带来经济效益也是乡村振兴战略的一大影响。振兴乡村需要大量的资金支持，下面将具体介绍投资的意义以及资金的来源。

优质的农业设施能够帮助乡村地区吸引投资，它是农村投资的"先手棋"。建设农业设施能够加快农业现代化速度，推动乡村振兴战略的实施进程。

2021 年中央一号文件从如下几个方面对加强现代农业设施建设作出了部署。

#### 1. 现代乡村产业体系方面

该文件指出，乡村地区要依托自身特色优势资源，"打造农业全产业链"，并将"产业链主体留在县城"。此举的目的是借助县城地区更发达的资源来发展乡村产业体系并吸引投资，为乡村地区带来产业增值收益。

该文件还提出，乡村地区要"加快健全现代农业全产业链标准体系，推动新型农业经营主体按标生产，培育农业龙头企业标准"领跑者"。立足县域布局特色农产品产地初加工和精深加工，建设现代农业产业园、农业产业强镇、优势特色产业集群。推进公益性农产品市场和农产品流通骨干网络建设。开发休闲农业和乡村旅游精品线路，完善配套设施。推进农村一二三产业融合发展示范园和科技示范园区建设。"

## 2. 乡村公共基础设施建设方面

由于我国城乡地区的公共基础设施建设不平衡，目前的公共基础设施建设重点在于农村。建设公共基础设施能够提高乡村地区的发展潜力，使乡村地区的发展可能性增强。

作为公共基础设施的重要部分，交通的便利程度影响着乡村产业的发展。2021年中央一号文件指出，要"加强农村资源路、产业路、旅游路和村内主干道建设。推进农村公路建设项目更多向进村入户倾斜"并"强化农村道路交通安全监管"。

此外，能源也是公共基础设施的一部分。该文件指出，乡村要"实施乡村清洁能源建设工程。加大农村电网建设力度，全面巩固提升农村电力保障水平。推进燃气下乡，支持建设安全可靠的乡村储气罐站和微管网供气系统。发展农村生物质能源。加强煤炭清洁化利用。"

## 3. 乡村建设发展工程方面

推动乡村建设发展工程数字化是乡村振兴的目标之一。该文件指出，乡村地区要"推动农村千兆光网、第五代移动通信（5G）、移动物联网与城市同步规划建设。完善电信普遍服务补偿机制，支持农村及偏远地区信息通信基础设施建设。加快建设农业农村遥感卫星等天基设施。"

5G、物联网等先进技术能够帮助乡村迅速发展。依托这些技术，乡村能吸引高科技人才与高端项目，而其更容易帮乡村地区吸引投资。

### 4.智慧农业方面

农业始终是乡村地区的核心产业。该文件指出，乡村要"建立农业农村大数据体系，推动新一代信息技术与农业生产经营深度融合。完善农业气象综合监测网络，提升农业气象灾害防范能力。"

但乡村应明白，投资的根本目的是获得利润，而且投资具有风险，故而并不是所有的农业设施都能吸引到投资。普遍来讲，具有特色的农业产业、乡村新型服务业以及农产品主产区与特色农产品优势区的加工流通业更容易吸引到投资。相较于传统的第一产业，它们发展潜力极大，融资空间也更大。

此外，中国农业大学农民问题研究所所长朱启臻曾言："农业农村投资规模巨大，要把政府主导作为主要渠道，充分调动各类企业和农民主体的积极性。"

拓宽三农投资与融资渠道要靠内外配合，才能进一步增强乡村振兴战略在经济方面的影响力。在内部，乡村要积极响应国家号召，加强现代农业设施；在外部，各级政府应加大财政支出的力度，优化农业农村投资环境。同时，各级政府还应引导和鼓励社会力量、工商资本以及金融资本等多渠道下乡投资，为农业农村"输血"。

目前，诸多乡村地区开始实施引导工商资本下乡的措施。这些地区积极引进具有高层次、高技术、高水平特点的新发展模式产业以及带动能力强的优质项目，以此吸引工商资本下乡。

近年来，乡村地区逐渐成为投资热土，吸引了大量投资商。以湖南省益阳市安化县为例，当地的恒康源茶旅康养中心项目吸引到了近10亿元的投资金额；而当地的黑茶特色小镇项目，仅是公共基础设施便吸引到了约5.5亿元的投资。到2022年，该项目的预计产值可超200亿元。

除了政府与乡村，金融部门也对三农领域的发展给予了大量支持。中国银行保险监督管理委员会发布了《关于推动银行业和保险业高质量发展的指导意见》，明确提出鼓励银行业金融机构加大对三农领域的信贷投放。

乡村要紧跟乡村振兴战略的步伐，重视工商资本的力量，在深挖自身投资价值的基础上积极开展与工商资本的合作。

## 1.3　因地制宜振兴乡村

我国幅员辽阔，地大物博，因此全国各乡村的地理环境、人文历史等条件存在着巨大的差异。由于这些差异，乡村振兴不能"一刀切"，而是要依据各自条件"量体裁衣"的进行。

### 1.3.1　发挥特色资源优势

各乡村之间的差异主要体现在区位和资源优势方面，而区位和资源优势是乡村做发展规划时必要考虑的因素，是乡村振兴的基础。下面将结合沾化滨海、武夷山五夫镇两个具体案例说明区位优势的特点以及乡村地区立足区位和资源优势达到振兴目的的方法。

先来看沾化滨海打造"渔盐"特色小镇的案例。

区位优势指的是某一地区客观存在的、能转化为经济优势的有利条件。其构成因素包含经济、文化、旅游、科技、教育以及自然资源、地理位置等方面。

区位优势具有三点特性，如图1-4所示。

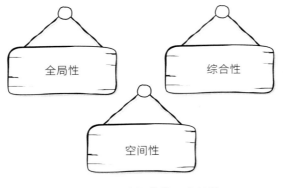

图 1-4  区位优势的三点特性

## 1. 全局性

发挥区位优势的前提是各因素相互协调及获得区域外的支持。区域之间的互利因素必须相互配合，才能使区域分工与协作合理。若想真正发挥区位优势，必须利用好区内和区外两个市场。

## 2. 综合性

区位优势不等同于某种优势为本区特有。若想依靠区位优势振兴乡村，必须深入性、综合性地分析区域条件，令区域内部各因素彼此协调配合。

## 3. 空间性

区位优势存在于区域内部，具有地域性。比如，区域内存在的矿产、劳动力及自然或人文景观等因素。

那么，乡村地区如何立足区位优势发展特色经济呢？下面结合沾化滨海地区的案例来看。

滨海镇坐落于滨州市沾化区东北部。该镇地处环渤海经济圈与黄河三角洲高效生态经济区。其拥有悠久的"渔盐"历史文化，区域自然资源丰富，盛产鱼、虾类的海产品。此外，该地区海水化工产业发展迅速，拥有丰富的风、光等清洁能源。

滨海镇立足其区位优势，从自然、人文、技术三大角度来振兴乡村。

（1）自然角度

滨海镇在实现振兴的过程中，立足沿海资源优势，大力发展"渔盐"、新能源、文旅等产业。

由于该地盛产鱼、虾的海产品，该镇利用好这一资源，几家海产品牵头企业累计建设了5万余平方米盐田虾育苗车间。此外，该镇还培育出了"滨科一号"与"渤海1号"两个虾种，它们是北方第一代适应高盐度海水的虾种。通过利用盛产鱼虾这一区位优势，该镇实现了"滨州虾滨州造"的目标。

（2）人文角度

滨海镇为宣传产品，建立了专业品牌建设队伍。其与国内知名品牌进行合作，以网络、媒体、节日等形式推广品牌；利用网红效应，通过直播带货等形式增强品牌知名度，最终使"滨海盐田虾"成为广受市场认可的品牌。此外，为提升产品价格，该镇就"滨海盐田虾"这一品牌申请了绿色认证与有机认证。

（3）技术角度

渤海镇为建设现代化对虾养殖实验基地，做了如下几点。

①聘请本地专家结合当地情况给予指导；聘请国内外专家给予

专业、科学的指导；

②与中国水产科学研究院对接，在当地试验推广对虾新品种；

③积极探索先进养殖方法，引进"八大养殖模式"。

再来看武夷山五夫镇利用"生态银行"帮致富的案例。

许多地区虽然贫困，但生态资源富集。若这些地区能立足当地资源优势，将生态资源优势转变为经济优势，便能将"绿水青山"转化为"金山银山"，达成乡村振兴的目标。下面结合武夷山市五夫镇的案例来看。

五夫镇位于武夷山市，是"国家级历史文化名镇"。该区域内山水相映，有着大量朱熹文化遗迹，其生态资源格局被概括为"八山一水一分田，朱子文化在其间"。

该地区虽然有着丰富的自然、人文资源，但是存在着自然资源分散，地形狭长、地势崎岖，优质客商与优质项目数量少，缺少项目经营人才等问题。

综合上述情况，五夫镇决定采用"生态银行"模式将生态资源转化为经济效益。绘制生态资源图是"生态银行"模式的运行前提。

这张图的绘制过程是由政府各部门在当地电子地图上标出各类开发"红线"，比如，自然资源部门标注了该镇的农田和建设用地情况；环保部门标注了各个主体功能区的划分情况等。通过这些标注，五夫镇的全部生态资源汇聚在一张电子化、可视化、交互式的图上，当地自然资源的可开发程度与开发边界便能一目了然。

打好"生态银行"模式运行的基础后，五夫镇又做了如下四步来实现乡村振兴。

（1）了解资源底数

通过生态资源图，五夫镇明确了当地资源情况和项目开发的方向和界限。后该镇凭借优先开发、优先招商的机制来提高农户的积极性，低成本、高效率地了解了资源底数与开发预期信息，为生态资源转变为经济效益打下良好的基础。

（2）打造开发平台

在五夫镇了解了资源底数与开发预期信息的情况下，为发挥"生态银行"的数字化、跨区域的长处，当地市政府成立了"生态银行"运营公司，当作生态资源开发的主平台；该镇成立了村办公司，二者共同组成多层次的开发平台体系。

此举便于引入专业机构，提高设计开发的质量，同时能降低资源收储成本以及农户违约风险。

（3）配齐基础设施

五夫镇政府在完成上述两个步骤后，积极向上级申请支持资金。这一举动能为各类生态资源将基础设施配置好，比如，道路、标识等。由于政府提供资金支持，外部资本的投资风险能被有效降低，投资者预期也能更加稳定。

（4）激发干部活力

"生态银行"模式的成功，离不开各级领导干部的努力。五夫镇有着优良的干部激励机制和容错机制，能将当地干部的热情有效激发。在各级政府的支持与干部的努力下，"生态银行"模式的"最后一公里"被成功打通。

### 1.3.2 建设"城市名片"

品牌化对于乡村发展有重要的作用。它能够为乡村聚集人气，发挥并强化乡村的特色优势。下面将结合贵州贵银品牌和喻屯镇打造十大"喻见"文化体的案例来指导乡村地区培育本土文化品牌。

先来看贵州贵银品牌。

每个地域都有自己的"城市名片"。比如，银器是贵州最知名的特产；全聚德烤鸭是北京最有名的美食；瓷器是景德镇最有名的特产。这些独一无二的、带有当地特色的品牌，能给人们留下最深刻的印象，带动当地经济发展。由此可见培育本土化知名品牌的重要性。

培育本土化知名品牌有五个步骤，如图 1-5 所示。下面将结合贵银品牌的案例来具体解释。

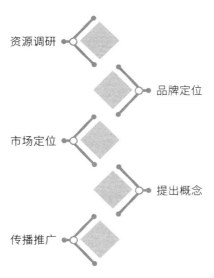

资源调研

品牌定位

市场定位

提出概念

传播推广

**图 1-5　培育本土化知名品牌的五个步骤**

1. 资源调研

市场调研是通过走访调查，收集目标消费者以及市场现状的资料。乡村若想培育本土化知名品牌，必须先了解当地有哪些特色资源适合打造成品牌。贵州银饰文化由来已久，它具有受众群体数量大、当地银矿资源丰富、销售利润丰厚、价值稳定、适合赠礼等优势，因此适合被打造成本土化知名品牌。

2. 品牌定位

品牌定位是指根据调研资料确定品牌的调性。贵银的品牌定位为传承、发扬当地银制作工艺以及少数民族文化，培育本土化知名旅游商品公共品牌，以及培育当地的新支柱产业，提高旅游业附加值。

3. 市场定位

市场定位是指根据市场状况确定品牌在市场中的位置。市场定位需要先明确品牌是什么用途是什么、目标客户是谁面临着什么问题、品牌能提供的理性利益是什么三个方面的问题。然后就可以通过分析竞争对手情况以及市场宏观、微观情况，来确定市场定位。

针对不同的客户群，贵银既有适合赠礼的本土老字号品牌，比如，黔艺宝、祥纹等，又有新生品牌，比如，唯也木、小银礼等受年轻客户群喜欢的贵银子品牌。

4. 提出概念

营销的概念是在前三个步骤之上的总结出来的产品卖点，如小米手机的物美价廉以及完美日记的国货护肤品等都是营销概念。这个概念需要符合品牌的气质，贯穿于营销活动的始终。比如，贵银提出的"食品级"银器具概念。

## 5.传播推广

在明确相关定位以及策略之后，乡村就要进行具体的传播推广工作了。推广要注意挖掘和特色产品契合度高的渠道，以保证传播的效率。

品牌故事可以增强品牌的辨识度，凸显品牌的个性和社会价值，同时让品牌具备持久的传播力，准确触达目标消费群体。因此，培育本土化知名品牌要建立品牌故事，以更生动、更人性化的形式接触消费者，扩大品牌影响力。

贵州省商务代表团曾出访奥地利。在此过程中，贵州"贵银"品牌与国际知名珠宝集团施华洛世奇进行了合作，"贵银"与水晶结合，诞生了"走出山外"的动人故事。

再来看喻屯镇如何打造十大"喻见"文化体。

培养本土文化品牌必须结合当地实际状况来进行。下面结合喻屯镇的案例，来看看可以从哪些角度来培养本土文化品牌。

（1）地理角度

喻屯镇是典型的滨湖涝洼地区，其境内分布着7条大小不一的河流。此镇为嘉祥、微山等五地交汇之处。该镇被誉为"五域交汇物华地，七河纵横天宝盆"，依据这种得天独厚的地理优势，该镇打造了第一个"喻见"文化体——"喻见"水乡文化。

（2）人文角度

喻屯人依水而生。当地水产丰富，捕鱼打猎是当地人的传统维生手段，因此渔猎文化发达。渔民们拥有成熟的渔网编织技艺，现已成为当地的非物质文化遗产。据此，该镇打造了第二个"喻见"文化体——"喻见"渔猎文化。

（3）历史角度

喻屯镇城南张村北是汉代亢父古城遗址，作为研究汉代历史及城址变迁的重要资料，其 1992 年被列为省级重点文物保护单位。据此，该镇打造了第三个"喻见"文化体——"喻见"历史文化。

（4）饮食角度

"喻屯甜瓜"是国家地理标志产品。其于近年来与电商平台展开了线上合作关系，走上高铁和全国。据此，该镇打造了第四个"喻见"文化体——"喻见"美食甜瓜文化。

（5）艺术角度

落子文化。落子属于传统戏曲艺术，是国家级非物质文化遗产。其采用俚语进行表演，手口并用，表现力极佳，备受当地百姓欢迎。据此，该镇打造了第五个"喻见"文化体——"喻见"落子文化。

此外还有"喻见"艺术华拳文化、"喻见"老豆腐文化、"喻见"小龙虾文化等等。喻屯镇立足当地独特资源打造十大"喻见"文化的思路值得各乡村思考与学习。

## 1.4 乡村振兴就是新农村建设吗

乡村振兴战略和新农村建设都是关于农村发展的战略，但是二者的具体目标、整体格局都大相径庭。下面将对二者进行横向对比，具体分析讲解二者的不同之处。

### 1.4.1 乡村振兴战略内涵更丰富

新农村建设是乡村振兴战略的部分基础，乡村振兴战略在此基础上具有更大的格局和更深远的意义。下面将从二者的背景、目标等方面具体分析一下。

先来看新农村建设。

社会主义新农村建设指的是在社会主义制度下，依据新时代的要求，发展农村的经济、政治、文化以及社会等方面。新农村建设的最终目的是令农村的经济、基础设施、环境等方面提升至一定水平。

新农村建设的背景是在当时我国主导产业由农业变为非农产业的基础上。彼时的经济增长的支柱为非农产业。根据历史经验，当时处于跨入工业反哺农业的阶段。故而实施了新农村建设战略。

新农村建设的目标是《十一五规划纲要建议》中提出的，要按照"生产发展、生活宽裕、乡风文明、村容整洁、管理民主"的要求，扎实推进社会主义新农村建设。

其中，经济建设的目的是全面发展农村生产，提高农民收入；政治建设的目的是加强农民民主素质教育、农村基层民主制度建设、农村法制建设；文化建设的目的是加强农村公共文化建设；社会建设的目的是加大公共财政对农村公共事业的投入，发展农村的义务、职业教育，完善其医疗卫生体系，建立并完善农村社会保障制度。

再来看乡村振兴战略。

党的十九大报告指出，要坚持农业农村优先发展，按照产业兴旺、生态宜居、乡风文明、治理有效、生活富裕的总要求，建立健全城乡融合发展体制机制和政策体系，加快推进农业农村现代化。

这也是乡村振兴的目标。综合前文内容可知，乡村振兴战略是新农村建设的升级版。下面进行横向对比，如表1-1所示。

表1-1　乡村振兴战略与新农村建设的目标对比

| 新农村建设 | 乡村振兴战略 | 关系 |
|---|---|---|
| 生产发展 | 产业兴旺 | 基于发展生产培育新产业、新业态并完善产业体系，促进农村经济繁荣 |
| 村容整洁 | 生态宜居 | 基于治理村庄脏乱差现象发展绿色经济并治理环境，令农村居住环境更加舒适 |
| 管理民主 | 治理有效 | 加强和创新农村社会治理，令其更加高效，更能满足农村居民的需求 |
| 生活宽裕 | 生活富裕 | 按照全面建成小康社会奋斗目标和分两步走全面建设社会主义现代化强国的新目标，令农民的生活更加富裕、美满 |
| 乡风文明 | 乡风文明 | 此处虽然并无变化，但后者在前者的基础上进一步拓宽了内容并提升了要求。<br>前者主要目标为提高农民素质，加强农村精神文明建设；后者目标为发展农村文化教育及医疗等事业、弘扬社会主义核心价值观、传承优质精神文化等。 |

综上，同社会主义新农村建设相比，乡村振兴战略的内涵更加丰富，范围也从农村变为城乡统筹发展。

### 1.4.2　乡村振兴需多主体共建

新农村建设的主体为农民与国家，而乡村振兴战略则更强调农民、国家、企业等多个主体的作用。

实施乡村振兴战略并非一蹴而就之事，此战略的成功需要大量的工作和足够的时间。但在实施过程中，一个重要原则是充分发挥农民的主体作用。

农民的主体作用有三层基本含义，如图 1-6 所示。

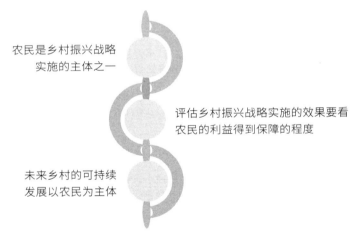

农民是乡村振兴战略
实施的主体之一

评估乡村振兴战略实施的效果要看
农民的利益得到保障的程度

未来乡村的可持续
发展以农民为主体

**图 1-6　农民的主体作用的三层基本含义**

以乡村振兴中的产业振兴部分为例，各种农业生产经营方式的都要依托对应经营主体的带动作用。各新型经营主体在从事相关农业活动时，需要依托土地、资源以及农村劳动力。因此经营主体与农民之间依存关系较强。

若外部经营主体未把农民纳入经营活动中，其发展无法可持续。举例来说，A 村的土地流转给外部投资商，外部投资商只为短期获利，不把农民纳入经营活动。因此其发展时间非常短；而 B 村完成土地流转后，以村民为主体，建立了农村农业合作社和家庭农场。B村适度引入了外部经营主体，与其订立了保障农民增收的合作条件。B村发挥了农民主体作用，因此其发展能够持续。

以农民为主体振兴乡村，需要各方一同努力，建立可持续的共赢模式。

不过，农民是乡村振兴的当然主体，但不是全部主体。因为乡村振兴战略具有长期性、复杂性，其需要多元主体共建、共治、共享。下面分几个方面来具体看一下。

1. 乡村产业振兴方面

产业振兴需要不同的产业主体支撑。随着乡村产业经营形态的多样化，其产业主体亦会趋于多样化。

2. 乡村人才振兴方面

传统农业的改造工作需要大量的技术、资本与人才，还需要优化配置土地。在此过程中，人才要素是关键，它是乡村振兴的新兴力量和主体之一。

3. 乡村文化振兴和乡村生态振方面

这两方面的振兴需各类人才及相关保护组织参与。

4. 乡村组织振兴

其是促使乡村治理体系与治理能力现代化的关键。农村各组织形式是此过程的主体。

# 第2章
# 新技术助力实现智慧农业

智慧农业指的是充分应用现代技术成果，实现农业的智能化管理。在乡村振兴的大背景下，加速农业生产智能化，有利于让农业生态环境健康化，提高农业生产效率。

## 2.1 5G为农业生产降本增效

5G技术能够与云计算、大数据和人工智能等技术结合，进而应用到农业领域。这些先进的技术能够给农业发展带来极大的便利。在其支持下，农业设备会更加灵敏，农业生产的效率会更高，生产的成本和试错的成本却能够降低。

这些技术能够应用到种植、养殖等多个方面，在农业领域掀起大面积的变革，令整体农业的发展加速，为农业赋能。

### 2.1.1　打通农业生产各环节数据

搭载物联网的 5G 技术能够将生产、管理、经营等各类农业数据快速串联到一起。而后借助传输通道，这些农业数据可以多尺度、多源有效地传输给生产者，其可以利用智能调控终端高效地进行农业生产经营工作。下面将从精准种植、农产品生产与供应过程以及资源整个三个角度具体展示 5G 等技术为农业带来的改变。

首先来看精准种植。

基于 5G 的大连接、高速率的特点，以 5G 为承载，可将导航卫星系统（BDS）、地理信息系统（GIS）、遥感技术（RS）、传感器、物联网和计算机监控管理、自动控制系统应用于农业生产中。多种先进技术的赋能，可使农业生产进入智能时代，精准种植就是应此而生的功能。下面以地块测量和农作物体检两个方面为例，来看看精准种植的具体表现。

#### 1. 地块测量

传统的地块测量需要投入大量的人力、物力和财力，准确度和效率都存在较大的提升空间。而精准种植功能可以借助卫星遥感及无人机航拍，结合地理信息系统和全球定位系统等技术，快速、准确地识别农作物种类并统计种植面积，以协助农业生产管理人员对地块进行合理规划，将种植收益最大化。

目前常用的遥感影像查询平台有遥感集市云服务平台，在上面可以查询到高分一号、高分二号、资源三号等国产高分辨率遥感影像。无人机搭载遥感设备低空作业，可以作为卫星遥感的有力补充，在有更高精度要求的应用场景中发挥作用。

2. 农作物体检

精准种植功能可以通过对农作物生长环境的检测及对其生长过程的监测，对农作物全生命周期进行体检，让生产过程可视化、生产结果透明化。具体包括土壤肥力分析、农作物长势监测、收割期预测及产量估计等方面。

（1）土壤肥力分析

土壤肥力是土壤提供农作物生长所需的空气、养分的能力，通常通过传感器进行采集和分析，但是这种方式存在一定的设备成本。业界也有公司根据卫星影像、气象数据以及地块纬度和高程等数据，结合农作物生长模型模拟出地块的养分信息。这种方式可以大大降低信息采集环节的投入。

（2）农作物长势监测

卫星遥感影像波段的反射率与农作物叶面积指数、太阳光合辐射等具有相关性。通过对遥感影像的分析，可以提取农作物生长状况参数，从而获得农作物的长势信息。

（3）收割期预测

结合农业专业人员的技术经验以及农业大数据分析，分门别类地建立农作物生长规律数字模型。通过对农作物生长状况的连续监测，结合农作物生长规律数字模型，就可以实现对农作物成熟期的精准预测，农业生产者可据此制定合理的收割计划安排。

（4）产量估计

传统的产量估计包含三个阶段的活动：一是抽选调查网点，从上至下逐层抽样；二是调查地块实割实测，对样本农作物进行称量；三是推算产量，先推算调查地块单产，然后逐层往上推算产量。这种方式需要投入较大的人力、物力，而且效率和精度有限。

如今，通过农业大数据建立农作物生长模型，模拟农作物各个阶段的生长参数及单产，再结合卫星遥感影像分析得到的地块面积等数据，可以很方便地估算出农作物的产量，极大地提高了估计的效率和准确度。

精准种植可实时精准采集农作物及农作物生长环境信息，实现地块管理、农作物生长模型建立、农作物产量预测、农作物面积勘测以及病虫害预防等；可指导大田、大棚农业生产活动，如环控、灌溉、喷施等，从而达到科学合理地利用农业资源、节水节肥、提高农作物产量、提升品质、降低生产成本、减少环境污染、提高经济效益的目的，同时也保护了农业生态环境及土地资源，使传统农业逐步向农业生产自动化方向发展。

其次来看农产品生产与供应过程可追溯。

农产品的安全问题一直是消费者关注的重点。由于部分农业生产者的法律和卫生意识淡薄，农产品有害物质超标的情况时有发生。

目前我国的农产品生产与供应系统多为人工作业，缺乏系统化的管理且信息反馈不及时。由于农产品生产、供应系统的各个环节难以掌控，当其中出现问题时，有关人士不能及时地发现和处理，管理方面也需要耗费更多的成本。

随着区块链技术与 5G 技术的出现与发展，这一问题得到了解决。区块链的分布式账本技术具有不可更改、可追溯等特点，而 5G 技术则为其在农产品领域的大范围应用提供了技术支持。这二者结合后，可实现农产品生产、供应过程的全程追溯。

追溯系统可对农产品的生产、供应过程进行追溯，保证农产品相关信息的真实、透明。

比如，在农产品生产环节，追溯系统会记录下该产品的生产过程，包括农作物的种植土壤情况、种植时间、作物种类、化肥与农药等的耗费情况等，同时对其种植过程中的气候、灾害、田间管理等情况也会记录；在加工环节，追溯系统会记录农产品加工批次、工序、保质期与物流信息等。

消费者购买到一件农产品后，可扫描农产品包装上的二维码来获取农产品的相关信息。当农产品出现问题时，消费者可有效追责。

建立农产品追溯系统有三个基本要素，分别为产品标识、数据库、信息传递。5G 技术与大数据的结合能够推动农产品数据库的建立，拓宽其应用范围。而 5G 网络的大宽带、高速率、低时延等特性为农产品信息追溯系统的信息传递提供了技术支持。

随着 5G 时代的来临，农产品追溯系统将广范围地应用到农产品的生产与供应过程中，有效地保障农产品的安全。

最后来看整合各路资源，简化共享、交换。

我国农业数据的数量大、类型多，但核心数据缺失、数据共享不足等问题阻碍着其发展。因而，建立农业大数据平台是必然趋势。

而近年兴起的云计算、物联网、5G 以及大数据等技术的发展，为建立农业大数据平台提供了基础。农业大数据共享平台可帮助农业生产者实现整合、共享和交换资源的目的。

农业大数据共享平台包括共享管理平台、农业数据公共服务门户等。它能在汇聚数据资源的基础上，帮助农业生产者开发各类农业大数据应用，实现大数据与农业的深度融合。

（1）农业大数据共享管理平台

农业大数据共享管理平台具有数据接入、数据管理、共享交换、数据分析、数据报表等功能。它可以帮助农业生产者实现农业数据资源共享。比如，省、市、县的农业数据可在此平台上共享、交换；企业数据、市场农业数据可在此平台上接入与共享。

（2）农业数据公共服务门户

农业数据公共服务门户面向公众提供农业资源目录、数据检索、数据应用服务等服务项目，支持有数据需求的各类企业利用相关数据资源开发农业大数据应用。

农业大数据共享平台能够整合区域内诸如土地、气象、遥感、种植业、畜牧业、渔业、农产品加工业等各方面的农业数据资源，充分发挥大数据的收集、分析能力并通过多维度展示，帮助农业部门、涉农企业作出科学合理的决策。

## 2.1.2  解放农民双手

5G 技术能够大幅提升农业设备的灵敏度与智能性。这些智能设备可以帮助农民应对复杂的农业生产状况，提高农作物产量并使农民从传统的劳作模式中解放出来。在农业科技化时代，农民应该适应时代潮流，不断学习新的技术，提升自己的综合实力，主动成为先进技术的受益人群。

下面以气象站和畜牧养殖控制系统两种设备为例，来看一下农业设备的变化。

先说气象站。农作物的生长极度依赖气象条件，良好的气象条件会极大地促进农作物产量提升，反之会造成减产。常见的农业气象灾害包括冻害、霜冻、春节低温冷害、干旱、洪涝、干热风、冰雹等。

上述农业气象灾害，轻则导致作物生长速度变缓，重则会导致严重减产甚至颗粒无收。因此，精准的气象监控、及时的气象预警在农事管理过程中具有重要意义。

而 5G 技术和 AI（Artificial Inteligence，人工智能）与气象系统结合后，能够为农业提供如下帮助，如图 2-1 所示。

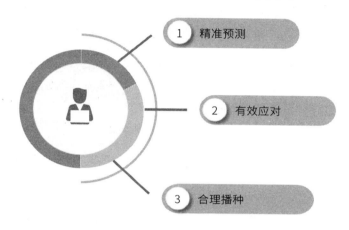

图 2-1　5G 技术与气象站结合后的优点

（1）精准预测。气象卫星云图、气象雷达监测数据与大数据、5G 技术相结合，能够实现对当前各气象灾害的精准预测，比如，高温、暴雨、大风、大雪、冰雹等。其预测时间最高可达分钟级，预测面积最小可达 1 平方公里，范围可覆盖全国。

（2）有效应对。不同的农作物对气候环境的要求可能不同，结合精准的气象预测结果，农业生产者可制定差异化的气象灾害应对方案，最大程度降低灾害的影响。

（3）合理播种。农业生产者可以参考气象预测结果，避开低温、霜冻等不利天气，为播种选择最适合的环境，制定最佳的播种计划，为延长作物生长期、提高产量和质量打下良好基础。

看完气象站，再来看看畜牧养殖控制系统。下图的畜牧养殖控制系统是集传感器、智能监测与控制、即时通信等于一体的养殖控制系统，其能实现养殖场管理、圈舍环境控制、疫情监测等方面的自动化、智能化，如图2-2所示。

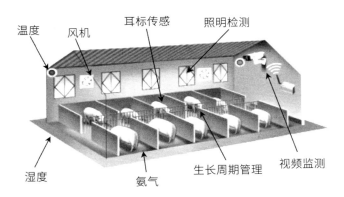

温度　风机　耳标传感　照明检测
视频监测
生长周期管理
湿度　氨气

图 2-2　养殖控制系统

如上图所示，养殖控制系统装有耳标传感器、风机、久安控设备等，可对养殖环境和牲畜进行实时监测，并自动化控制养殖环境的温度、湿度、照明等，以便合理地进行牲畜的生长周期管理及氨气管理等。

在畜牧养殖控制系统中，农业设备的智能主要表现在以下几个方面。

（1）信息采集

通过物联网技术采集养殖场的环境信息及畜禽个体信息，由后台进行科学的综合分析。

（2）远程控制

通过 5G 网络传输，远程控制水帘、风机开闭、自动投喂等。

（3）视频监控系统

对养殖环境及生产加工过程进行全方位的高清监控，对异常状况及时做出预警，保障养殖场及产品的安全。

通过上述信息化升级改造，整个养殖链条将更加高效、规范，同时也能打造健康、高效、安全、美味的全生态系统的食品供应链。

### 2.1.3　自动化耕作的"5G 田"

近年来，智慧农业的概念逐渐走入人们的视野，而想要真正实现农业无人化、信息化、智能化，就需要"两条腿"，一个是"AI"，一个是"5G"。智能选种、天气预测、作物识别等技术都是 AI 技术目前在农业领域的应用，而随着 5G 技术进一步普及，智慧农业无疑会进一步得到发展。

自 5G 技术商业化的讨论开启以来，农业领域便一直在寻求与 5G 技术的合作。广州、浙江等省更是始终在尝试将 5G 技术融入农业生产中，随着这一技术的逐渐普及，这些尝试也终于"开花结果"。

广东省已经建设了多个 5G 技术农业试验区，几乎覆盖了全产业链。与此同时，2019 年，浙江瑞安市也建设出了省内首个"5G 田"，120 亩的田地连接 5G 技术后，实现了统一、集约化管理，生产效率相较于传统的生产方式提高了一倍。

从设备方面来说，"5G 田"与现阶段的"智慧农业"相差无几，都是利用机器人巡田、无人机植保、数字化信息管理等方式，最大限度地利用机械代替人工进行农业生产。

但在运行方面，5G 技术能让设备的运转更加高效。对于智慧农业中的智能设备来说，网络的作用显然是不可替代的。4G 网络虽能保证设备的正常运行与数据的有效传输以及维持基础的网络建设，但想要达到生产管理实时化、精准化，4G 网络的承载力还是远远不够的。

5G 技术的出现刚好填补了这方面的空白，5G 技术的传输速度是 4G 网络的上百倍，其能使机器人、无人机的精度和稳定度进一步提升，同时还可以提高数据传输和分析的速度，从而让生产管理达到实时、精确控制，让现阶段的智慧农业得到飞跃式的升级。

数据反馈实时同步，就能让生产、管理与销售等环节串联起来。这让农业的信息传递更加及时、精准与畅通，同时也将推动着市场进一步扩大。

另外，5G 技术的应用让设备更新换代速度加快，设备价格也会逐渐降低，越来越多的农业生产者会引进先进设备进行生产。这样传统的农业技术人员就可以转型到更有价值的岗位上，极大地节约了人力成本。

## 2.2　物联网精准控制农作物生长环境

农业物联网能够借助各种仪器、仪表自动实时控制农作物的生长环境。它能够令农产品的品质和产量提升并缩短其生长周期，进而提高经济效益。

而随着传感器的种类和数量的迅速增长以及商用的普及，物联网设备将在种植、畜牧和水产养殖等领域成熟落地。下面将结合具体案例，从感知层—传输层—应用层三个层面介绍农业物联网的工作原理以及其为农业带来的发展。

## 2.2.1　传感器：收集环境变化数据

农业物联网工作流程的第一层是感知层。感知层主要依靠传感器来收集信息。以农业气象监测系统为例，它是由传感器、采集器、支架、气象后台四部分组成，是现代农业用来收集天气信息、掌握环境变化的工具，如图 2-3 所示。

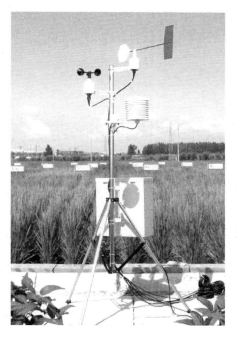

图 2-3　农业气象监测系统

传感器是农业气象监测系统最核心的部分。它能够监测所有环境数据，包括风速、雨量、温度、湿度等，这也是其最重要的作用。不同的功能需要配备不同传感器，彼此独立，互不影响。下面以水产养殖为例来看一下，如表 2-1 所示。

水产养殖控制系统通过各种传感器来实时获取各种数据。例如，通过水温传感器获得养殖场水温，通过 PH（酸碱度）传感器获取 PH 值，通过溶氧含量传感器获取溶氧含量等。

表 2-1　养殖场传感器及环境参数

| 传感器 | 环境参数 |
|---|---|
| 水温传感器 | 养殖场水温 |
| PH 值传感器 | PH 值 |
| 溶氧含量传感器 | 溶氧含量 |
| 浊度传感器 | 水质浑浊度 |
| 电导率传感器 | 电导率 |
| 亚硝酸盐含量传感器 | 亚硝酸盐含量 |
| …… | …… |

气候是影响农作物生长的关键因素。而传感器能够实时报告天气信息，帮助农业生产者掌握一手的天气状况。农业生产者可以根据这些实时天气信息对农作物进行及时保护，避免农作物受到不良气候的影响。

因此，在现代农业生产中，传感器越来越受到农业生产者的青睐。但部分厂家生产的农业传感器质量良莠不齐且性能不稳定，寿命极短，反而会影响农业的生产效率。故而选择合适的传感器对农业生产非常重要。选择传感器主要从材料、稳定性两个方面出发。

1.材料

因大棚里的温度和湿度都非常高，所以农业传感器的材质要做到防水、抗腐蚀、耐高温、防真菌。比如，目前被广泛应用在农业生产领域的陶瓷电路板和陶瓷基板就是比较稳定的材料，不仅抗腐蚀而且热膨胀系数高。

2. 稳定性

传感器的稳定性决定其能否及时传输数据。农业生产者在选择农业传感器时，要尽量选择校正周期长的。因为传感器大多都放置在田间，人工校正操作时非常不方便，而且成本也非常高。如果经常校正传感器，就会耗费大量的人力成本，传感器的便捷性会受到影响。

### 2.2.2  采集器：环境数据实时掌握

农业物联网工作流程的第二层是传输层。传输层主要依靠采集器。采集器能收集传感器监测到的数据，然后将数据传输至后台。通过硬件与软件的实时通信，农业生产者能从后台直接看到传感器监测的数据。采集器和传感器不一样，它需要被放在密封性好的地方，避免外界环境的干扰。

实时掌握农业生产的各方面数据是许多农业生产者的愿景。传统农业无法建立这种信息传输机制，主要原因在于网络资源有限，响应机制延迟频率高、时间久。而在现代农业中，发展迅速的 5G 技术依靠其大宽带、低时延、高传输率的特性，为建立万物互联的平台提供了强大的技术支持。它是实现万物互联的关键所在。

5G 具有的低时延性满足了农业领域对于新技术的使用需求，使农业生产者得到良好的使用体验，无须长时间等待机制响应。仅2020 年一年，便有数以万计的农业机器搭载 5G 网络进行物联网的落地应用。

5G 的低时延特性促进了农业物联网模式的发展，改善了采集系统响应机制延迟性高的弊端，更好地发挥了物联网在农业生产方面的价值。

### 2.2.3 后台电脑：分析数据，科学种养

农业物联网工作流程的第三层是应用层。传感器监测信息，采集器收集信息，这些信息经无线传输汇总至后台，再由后台电脑进行数据分析。

以水产养殖为例，物联网应用到水产养殖方面，可为其建立完善的控制系统，有效地解决传统水产养殖过程的弊端。水产养殖控制系统可实时采集养殖水质的环境信息，生成异常报警信息和水质预警信息；可根据分析结果，实时自动控制养殖控制设备。比如，供暖、抽水、排污等，在科学养殖与管理的基础上做到节能、环保。

水产养殖控制系统具有以下几个方面的功能：

（1）环境监测：对水质的环境（温度、PH 值、溶氧量等）实时监测。

（2）自动控制：调控水质环境及自动与控制设备联动。

（3）指挥调度：调度、派遣水质场景内的装备。

（4）统计决策：对物联网信息进行统计分析，根据分析结果提供科学决策及统计报表。

应用层可以帮助农业生产者对农作物进行 24 小时监控，一旦有风吹草动，农业生产者可以根据相关信息进行科学决策。将物联网应用到农业生产中，不仅降低了农作物的生长的风险，也提高了农业生产者的生产效率和管理水平。

### 2.2.4 种、养、收全程无人

随着科技发展，无人化的概念逐渐实施到社会各领域，无人便利店、无人工厂、无人书店、无人机、无人驾驶等无人经营产业如

雨后春笋般不断涌现。实际上，这里所说的"无人"不是真的没有人，而是人都被机器和技术代替，以此来实现高效、环保、高收益的经营目的。

如今，随着人工智能与 5G 技术的发展，无人系列又增加了一个新"成员"——无人农场。下面结合具体案例来看一下无人农场的优势。

春分是春耕备播的关键时期，农民们会在这一天异常忙碌，然而在山东淄博禾丰的无人农场里，只有一台自走式喷灌车在进行灌溉作业，全然看不到农民的身影。这是因为这台自走式喷灌车集合了 5G、物联网、人工智能等技术，能够对小麦进行精准灌溉。它不仅能提升农田灌溉效率，还能节约资源、降低生产成本，帮助农民从劳动中解放出来的同时，还有利于该地区的农业可持续发展。

此外，无人农场不仅可以自动工作，甚至还可以自动决策。它能结合气候条件、土壤情况、温度、湿度等数据，计算农田里的各区域监控实时回传的农作物数据，自动判断浇水、施肥的时机以及肥料的配比，从而使农作物种植管理更加科学化、精细化，大大提高了生产效率，实现从机库到田间全程无人的种植模式。

# 第3章
## 科学种植提产能，精耕细作促增收

传统农业种植有着"靠天吃饭"的局限性，而当 5G 技术与传统的农业种植结合后，便能打破这一局限，实现物联网农业的构想。农业生产者可利用手机、电脑等移动设备收集大气、土壤、作物、病虫害等方面的数据，再通过这些设备对农业生产进行控制并得到精准反馈，使农业种植更加数字化、精确化、科学化。

### 3.1 传统种植的三个问题

灌溉浪费与缺水同时存在、过量使用化肥、农药，种植环节分散以及信息闭塞是传统农业种植的三大顽疾。而不断发展的现代化技术能够针对性地解决这些问题，本章将具体介绍前述三大顽疾以及对应的新技术为其带来的改变。

### 3.1.1　水资源利用效率低

根据水利部的反馈，目前我国总用水量正逐步逼近控制范围的临界值，而可开发利用空间又极其有限，因此我国已经接近水资源危机的边缘。

从用水结构来看，每年农业用水占用水总量的六成。我国年缺水量近 400 亿立方米，其中农业就占了约 300 亿立方米，但每年因农产品缺水造成的损失仍超过 1500 亿元。农业用水浪费而农产品却"喝不饱"，已经成为制约农业可持续发展的重大问题。

我国水资源总量虽居全球第 6 位，但水资源人均分布不均，用水效率低下且水污染频发。现如今，用水需求与有限供给差距的扩大，以及大面积的水质恶化，极有可能导致农业用水出现危机。

农业灌溉既是"第一用水大户"，也是"第一浪费大户"。自 2000 年开始，我国农业用水量一直在 3500 亿立方米 / 年，超过总用水量的 64%。

农业用水粗放、浪费严重是我国农业灌溉最大的弊端。"土渠输水、大水漫灌"的灌溉方式目前仍在普遍沿用，这种方式使大部分水在输水过程中直接损耗。目前我国农田灌溉水的有效利用率仅为 52.3%，意味着有将近过半的水没有被实际利用到。

极低的水资源利用率，不仅浪费水资源，还易使农产品更加缺水。灌溉方法不科学，使大部分灌溉用水没有真正作用于农作物。

此外，农业种植还存在着节水意识薄弱、技术标准不完善、管理水平低等问题，因而制定高效节水灌溉的方案已是迫在眉睫的需求。

节水措施包括工程措施、管理措施和农艺措施。工程措施是指喷灌、滴灌、渠道防渗、管道输水等措施；管理措施是指从管理方面加强节水，如控制用水总量、用水定额管理、超出定额累进加价等；农艺措施是指调整农作物种植结构，如在北方减少种植耗水量大的水稻，或者加强耕作覆盖、使用化学保水剂等。

推广节水灌溉不仅可以节约水资源，还可以提高亩产量，创造更高的经济价值。例如，玉米用常规灌溉方式每亩生产成本为 300 元，利用膜下滴灌技术后，每亩生产成本增加至 500 元，但亩产量能提升 100%，玉米的品质也能提升。玉米的品质提升能使其收购价格提高约 18%。总体看来，节水灌溉技术能给农业生产者带来更为丰厚的收益。

## 3.1.2　滥用化肥与农药

从农作物的生长规律看，化肥、农药的确可以调节作物生长并且防治病虫害，帮助农业生产者实现增产增收的目的。但如果化肥、农药使用不当或使用过量，不但容易造成环境污染，还会对人体健康造成威胁。

近几年，由于前期农业生产者滥用化肥与农药，很多耕地都出现了"后遗症"。比如，土质恶化，土壤的肥力下降等，这些问题影响着农作物的产量和质量。另外，农产品的质量下降会带来口感变差、不易存放等问题。这时农业生产者再增加化肥的用量，反而会增加生产成本，使生产过程陷入"死循环"。

农药虽不会直接危及生命，但其会在人体内不断积累，逐渐破坏人体的免疫力，诱发癌症一类的慢性疾病。其症状因不明显，常得不到人们的重视。

随着粮食种植面积逐渐扩大，农药的使用量更是逐年攀升。目前农业主要使用的农药为以下三种。

1. 有机磷类农药

有机磷类农药是指含有磷元素的农药，主要用于防治病虫害。而它同时也是一种神经毒物，过量使用会引起神经功能紊乱、语言失常等症状。

2. 拟除虫菊酯类农药

拟除虫菊脂类农药是模拟天然除虫菊素合成的一类杀虫剂。这种毒药一般毒性较大，有蓄积性，过量吸入会导致呼吸衰竭、循环衰竭，甚至引发死亡。

3. 有机氯农药

有机氯农药是含有有机氯元素的有机化合物，常用于防治植物病虫害。有机氯农药在进入人体后，主要蓄积于脂肪中，然后通过母乳传给胎儿，有引发下一代病变的风险。

过量使用化肥、农药是农业种植的一大弊端。那么农业生产者该如何应对这一问题呢？以下3种方法可供农业生产者参考。

（1）使用测土配方施肥

传统的施肥方式大多依靠农业生产者的经验，而测土配方施肥则相对更科学。这种施肥方法需要对不同区域的土壤进行分析，根据种植农作物的需求去调整氮、磷、钾等微量元素的用量，实现平衡施肥，从而提高农作物的产量。

（2）增加有机肥的比重

有机肥主要来源于动植物，是一种为植物提供营养的含碳物料。

有机肥的加工过程消除了其中的有害物质，保留了肽类、氮、磷、钾等丰富的营养元素。有机肥可以为农作物提供全面营养，而且肥效长，可以改善土质。

（3）注意微量元素的施用

很多农业生产者在施用了氮磷钾复合肥后，就不再追肥了。实际上这是一种错误的做法，忽视了对微量元素的利用。适当增加微量元素，可以使肥料中的养分供应平衡，从而达到提高作物产量的目的。

### 3.1.3　信息化程度低，反馈不及时

传统农业生产主要依靠人力来完成种植环节中的各项工作，如播种、灌溉、施肥等。只灌溉一项工作就要耗费大量的人力，如看水位、开水泵、关水泵等工作都需要有专人负责。过程繁琐自然不必说，但信息反馈不及时却会导致下一阶段的工作无法及时衔接，进而使种植质量降低，令农作物减产。

传统农业生产者从事生产工作时主要依靠经验，这种对经验的依赖会使他们忽视种植过程中的信息流通。殊不知，信息交流可以最大程度上降低依靠经验带来的试错成本。

而 5G 技术可以帮助农业生产者实现农业生产"信息化"。5G 技术能通过检测外部环境以及植物生长状况，将信息及时反馈给农业生产者，从而串联播种、灌溉、施肥等各个种植环节，打开信息通路。

以江苏南通的东社镇苴居村为例，范伟权是村里水稻种植的大户，随着种植规模的不断扩大，传统种植方式的弊端逐渐显露出来。这其中因水稻属于耗水量大的农作物，灌溉问题就成了最棘手的问题。

种植水稻对稻田里的水位高度有很高的要求。范伟权为了保证水位高度，安排专人操作水泵、查看水位。但这种传统方式显然是比较耗时耗力的，农忙的时候，一个人就要同时担负好几项工作，来回的路程更是有好几公里，无法照顾到所有田地。

对此，南通地区开发了"智慧水利"系统，解决了南通地区70多个水稻种植区的灌溉问题。该系统以5G网络为基础，令农业生产者可以远程操作灌溉事项。利用该系统，工作人员在后台即可实时查看农田里的水位、出水状态及水泵情况等并根据具体情况进行远程操作，信息的传递速度明显超越了人工跑腿时代，灌溉的质量和及时性都比以前更有保障。通过引入该系统，范伟权再也不用安排专人管理稻田水位，可通过系统随时查看农田里的水位并进行远程操作，不仅节省了人工，还提高了稻田管理的科学性。

这种系统极大地解放了人力，帮助农业生产者实现信息化种植。传统种植中需要人工传递信息确定各个环节进行的时间的工作，皆由系统自动识别、自动控制，进一步摆脱了对人工操作的依赖，大大降低了由于种植环节分散，信息闭塞导致的问题处理不及时、农作物减产的情况的发生概率。

## 3.2　新技术带来的农业种植革命

互联网、5G、大数据、AI等技术的发展给各行各业带来了革命性的变化，农业领域自然也不例外。依托于5G技术，农产地的庄稼和果树也可以数字化、智能化，农业生产者可以随时随地掌握农产品的信息，彻底打破传统农业"靠天吃饭"的局限性。

### 3.2.1 无人机：高效播种，全程助力

净潭乡荷花村田间，农业技术人员正在试验无人机播种，如图3-1所示。

图 3-1 无人机播种油菜籽

无人机播种是指利用无人机喷射口将种子喷洒到田间，这个过程只需要一个飞手操作即可，7亩地用十分钟即可播种完成。

一些农业生产者会担心播种效果问题，比如，无人机播种是否能够播种均匀，是否能使种子深入到土层中等。然而事实上，根据技术人员在佛子山进行的水稻飞播试验，农作物的发芽率和长势情况与手动播种几乎无差别。

7亩地的播种只需要1个人和10分钟就能完成，这无疑极大地解放了生产力。而且这种播种方式作业范围大，不受地形影响，更有利于规模化种植。

机器种植代替人工种植是一种必然趋势。这意味着更多的农业生产者可以从田地劳作中解放出来，取而代之的是机械化、智能化、规模化的农业生产。

作为低空领域的"王者",无人机的应用优势与农业生产尤为契合。除了提高播种效率外,无人机还能从许多方面助力农业生产,下面将从监测、评估和培育三个方面来介绍这二者结合的好处。

## 1. 监测

监测包括监测农作物状况、生长环境和实时动态等。监测能帮助农业生产者对恶劣天气做出及时应对以及对突发状况做出快速反应,是农业管理的重要环节。

传统农业监测主要依靠人力完成,即农业生产者全天候与农作物待在一起,以便及时根据农作物生长情况作出有效调整,保障农作物顺利生长。这样的做法不仅辛苦而且效率极低,获取的信息更是比较粗略,使得农业生产者无法做出具有针对性的调整。

无人机的应用则改善了上述情况。农业生产者可以利用无人机的摄像头、传感器从高空进行航拍,然后利用大数据进行快速分析,进而更加高效地做出具有针对性的决策。

## 2. 评估

农作物数量庞大,要将每一株都进行统计的复杂程度可想而知。但为了解农作物的具体产量并制定销售方案,农作物评估是必不可少的。

无人机的红外感应装置能够生成农作物的热成像图片,再辅以大数据计算,就能轻松完成对农作物的评估。其比单纯依靠人工要更加高效和准确。

例如,部分地区的瓜农就依靠无人机来评估产量。瓜农通过操纵无人机,拍下整片瓜田的照片,再利用大数据计算出西瓜数量,这样就轻松解决了长久以来困扰瓜农的"数瓜"难题。

这种评估手段不仅可以用于计算作物产量，还可以用于农作物受灾后的灾害评估。这种数据化的评估方式既解放了农业生产者，又使得农业种植向更加现代化的方向前进。

### 3. 培育

培育是农业种植最重要的环节，从播种、灌溉到收获，每一个环节都马虎不得。无人机的出现在农作物培育方面发挥了极大的作用。在播种环节，无人机能自动进行播种；在授粉环节，无人机能进行广泛授粉；在喷洒农药环节，无人机能快速进行全覆盖喷洒；在农田灌溉环节，无人机能可控地进行喷洒灌溉。

无人机的作用贯穿于播种、授粉、施药、灌溉等所有农作物培育环节。与纯人工培育相比，其用量更加精准，不仅能提高劳动生产率，还能保护利用土地资源，对农业可持续发展来说有着非凡的意义。

### 3.2.2 智能灌溉：精准识别，节水灌溉

任何农作物的种植都离不开灌溉。灌溉技术一直在发展，从人力灌溉、水泵灌溉等传统灌溉方式发展到滴灌、喷灌这类的现代灌溉方式。而随着当今科技的进一步发展，新一代的智能灌溉方式逐渐走进人们的视野。

智能灌溉系统具有如下四点优势。

### 1. 能够根据土壤湿度决定灌溉水量

该系统拥有土壤湿度传感器，可以实时监测土壤中的水分，当

水分低于标准值时，系统就能自动进行灌溉，待土壤水分达到标准值后，系统就会自动关闭。智能灌溉系统能随时把土壤中的含水量调节到最佳状态，让灌溉更加科学合理。

### 2. 拥有智能微控制器

智能灌溉系统最核心的设施是智能微控制器。这些智能微控制器控制着水泵，田间的土壤湿度传感器能将实时数据发送到微控制器，农业生产者只需要设置一个温度和湿度具体范围数值，一旦超出此范围，该智能微控制器就能自动打开水泵进行灌溉。

另外，农业生产者还可以通过移动设备进行远程监控和管理。

### 3. 智能灌溉决策

智能灌溉系统与互联网相连，可以将第三方信息与灌溉系统结合起来。例如，如果天气预报中有雨，则不会自动灌溉，即使实时数据表明该地的土壤含水量在标准范围以下。

### 4. 成本优势

相较于传统的灌溉系统，智能灌溉系统能够降低因灌溉不当造成的农作物枯萎的概率，极大地降低了农业生产者的种植成本。此外，智能灌溉系统始终能让土壤含水量保持在最佳状态，因此农作物的生长周期会缩短，年产量会增加。

### 5. 易于维修

传统灌溉系统容易发生泄漏、裂缝等故障问题。这些问题排查难度大，稍有遗漏就会造成灌溉浪费问题。而智能灌溉系统的所有设备及所有问题都可以被实时检测，一旦发生故障，农业生产者可以轻松地进行维修。

虽然智能灌溉系统有着上述优势，但农业生产者使用智能灌溉系统时，仍需注意以下事项。

（1）气候参数的问题

虽然土壤湿度传感器足够智能，但它依旧存在缺点。比如，它不能考虑天气因素以及蒸发、蒸腾过程中损失的水分。因此，农业生产者还可以为智能灌溉系统增加气象传感器，接收实时的天气信息并以此来定制灌溉策略。

（2）传感器的放置是否合理

传感器的布局是否合理决定着智能灌溉系统所做的决策是否正确。因此，农业生产者必须保证传感器始终与土壤表面保持接触，不能存在缝隙。

另外，为了获得最佳反馈效果，农业生产者应将温度传感器放置在能够接收最大阳光的区域内。而土壤湿度传感器必须在土壤下方，而且压力不能过高。

（3）成本是否足够

相比于传统灌溉设备，智能灌溉设备价格会更高，所以农业生产者在选择的时候，既要考虑效果也要考虑成本。比如，平旋转喷头是斜坡灌溉的理想选择，成本也相对合理。

（4）农业生产者的操作技术是否达标

智能灌溉系统是一个相对新颖的概念。其特征和功能相对复杂，大多数传统农业生产者无法驾驭。同时，智能灌溉系统的容错率很低，一旦发生机械或网络故障，会为农业生产带来极大的损失，因此对于农业生产者的操作技术要求比较高。

### 3.2.3 智能农机：精准施肥，提升质量

化肥能促进植物生长，增加农作物产量，但其使用量并非越多越好。植物也会产生营养过盛的问题，若农产品种植者施肥过多，不但会影响农作物质量，还会使多余化肥残留在土壤中，致使土质遭到破坏。

据统计，我国化肥的用量是世界平均水平的 3 倍，但利用率仅为 30%。基于此，科学施肥，提高化肥利用率，已是刻不容缓之事。

但科学施肥并不是单纯地指少施肥或是使用有机肥，而是讲求所使用的肥料的营养必须均衡。比如，水果如果氮肥施多了，能长得很大，但是口感却不好。

而融合 5G、卫星定位、物联网技术等而形成的智能农机核心控制系统，成功解决了这一问题，实现了高效、精准地施肥打药。

智能农机系统拥有全自动变量施肥系统以及打药机流量控制系统。全自动变量施肥系统采用高精度差分定位和先进的测速雷达，通过液压技术控制排肥量大小，智能变量施肥；打药机流量控制系统的特点是机电液一体化，利用导航系统的定位信息，结合各类传感器信息，通过控制器智能化控制开关阀、比例阀等，实现打药机精确，精准流量控制。

在我国乌镇，其与中国移动共同打造了 5G 智慧农场。该农场

利用了 5G 技术，园区内的温度、光照、水肥等均由 5G 自动管理。遮阳、降温、施肥灌溉这类工作，均由系统采集数据然后自动做出反应，全程都不需要人工参与。

该农场的 5G 施肥机采用精量混肥桶，在灌溉的同时就能施肥，将水肥作用于农作物根部，极大地减少了中间过程的损耗，节水节肥的同时，令农作物均衡地获取营养。

### 3.2.4　阳光农场：种植全程可追溯

在传统的农业生产模式中，农作物从种植、销售再到消费者手中，需要经过众多环节。消费者无法确定其购买的农产品是否是绿色、无公害的产品。消费者对农产品无法放心，就会影响农产品的销量，这对农业生产者和消费者来说都无益处。

而 5G 技术可以很好地解决这个问题。农业生产者可以通过网络实时发送图像数据，令消费者了解农产品的生长状况以及种植过程，如此，消费者便可以放心购买。

以文成县一家种植合作社为例，该合作社产出的杨梅品质极佳，远销海外。1 万多斤的杨梅运至国外市场，迅速就被抢购一空。此杨梅之所以能成为"抢手货"，是因为该合作社推行的智慧监控系统。

该合作社致力于打造阳光农场，在杨梅种植区装上了摄像头，从播种到采摘每一道工序都被实时监控。合作商打开网站就可以看到杨梅种植的每一个环节。

对普通零售顾客，合作社申请了溯源二维码。每一盒杨梅的包装上都贴有溯源二维码，消费者扫描二维码就可以查看杨梅的基本信息，包括合作社信息、杨梅种植过程的信息、包装信息等。每一个环节都有据可查，消费者买得放心，产品自然供不应求。

## 第4章
# 环境监控技术助力科学农业管理

　　智能农业管理将最大限度用机械植保代替人工植保，满足现代农业自动化、信息化、智能化的要求，达到真正的精耕细作。

## 4.1　监控气象动态

　　气候变化是影响农业生产的重要因素。而气候条件在一年四季中都有变化。在传统的农业生产方式中，农业生产者依靠代代相传的种植经验预测天气。这种方法存在很大的不确定性，准确率也有限。

　　而当5G、物联网等技术应用到农业领域时，此问题得到了一定程度的改善。本章将具体介绍农业生产者如何利用实时监测系统、传感器等掌握气象动态。

### 4.1.1  5G 提升"观天"准确率

自殷商时期，我国便有了"壬申雪，止雨酉昼；己卯雹，乙酉大雨"这样类似天气预报的记载。后来人们发现能根据周围环境的变化来预测天气，比如，云的形状、动物的行为等。农业谚语中就有"鱼鳞天，不雨也风癫"的说法，这是对于卷积云的预测。

农业自古以来就是一个"靠天吃饭"的行业，农作物的收成与天气有着密不可分的关系。农业从事者为提高收成，对预测天气做过各种尝试。发展到如今，虽然预测准确率得到大幅度提升，但农业生产依旧会被不确定的天气因素影响。

虽然现有的通信技术已经基本保障了数据传输的稳定性，但国家级气象站需要的是实体地面专线。而且对于部分碍于客观条件无法建设地面网络的站点来说，现有的通信技术依然无法满足其气象工作的需要。

但 5G 技术的出现，给上述难题带来了解决之法。5G 技术能够提升全国站点通信网络建设能力，使碍于客观条件无法建设地面网络的站点也能具备无线网络连接能力，使数据收集更加全面，从而更有利于气象业务的发展。比如，天气实景视频直播可以通过 5G 网络进行实时回传和共享，满足临时预报的需求。

5G 技术能够为整个气象行业带来巨大变革。例如，基层的气象服务人员在做现场服务时，能随时通过 5G 网络与当地的气象部门业务平台进行连接，从平台处调取实时数据和预报信息，令气象服务深入田间地头，为农业生产带去更准确、及时的帮助。

5G 技术的普及会使更多设备参与到气象观测活动中，诸如气象传感器、可穿戴设备甚至生活中任何一款智能产品，都可以为天气预测提供数据，从而使天气信息的收集来源更加多元化，提升天气预测的准确率。例如，国外曾研发过一款智能雨刷器，它能够识别降雨强度并反馈到天气信息收集系统。

## 4.1.2　传感器实时反馈天气情况

受人力成本提高、农业用地减少等因素的影响，传统的农业生产模式在产量、成本等方面无法满足现代文明发展的需求。因此，智慧农业开始发展。

智慧农业最重要的成果之一就是传感器。它解决了农业自古以来"靠天吃饭"的问题。传感器可以全天候监测农作物周边的环境变化，实时报告天气数据。农业生产者可以结合传感器提供的数据进行分析，做出预判，调整农业管理策略。

下面结合吉林市的万昌现代农业发展先导区的案例来看一下。

万昌地区一直以"万昌大米"而闻名。在当地的现代农业发展园区内，田地边上安装着许多小型气象站。这些气象站监测着稻田范围内的气候。当温度、湿度等气象数据发生变化时，大数据中心就能快速对其进行分析并自动做出应对。

在此现代农业发展园区，影响植物生长的环境因素，比如，温度、湿度、光照等都由电脑程序智能调节，其生产效益是普通温室的 5 倍。

用传感器收集天气信息，实时调节大棚内的气候环境，使此地一年四季都能生产各类蔬菜。哪怕身处北方，该地区也能生产热带水果。其果蔬产业园内，木瓜、香蕉等作物都长势喜人。

传感器能够实现对大棚内温度、光照、土壤等因素的实时监控，最大限度地避免天气变化对农作物生长造成影响。另外，传感器的应用有效降低了人力成本，使农业生产步入智能化、自动化和远程控制化。其提高了农作物的抗灾、抗风险能力，提升了农业生产效率。

## 4.2 监控农作物生长情况

在农作物生长的过程中，温度、湿度、光照、二氧化碳浓度等环境因素都会影响其成长。农业生产者为提高农作物产量，经常人工监控各种环境因素。而这种传统的人工监测方式有很多不确定因素，无法满足科学种植的要求。对此，融合了 5G、物联网等技术的智慧农业监控系统，可以有效将其解决。

### 4.2.1 精准反馈温湿度

在传统农业生产方式中，温度、湿度等环境数据很难被采集到，大多数农业生产者都是凭借自身的经验来估算这些数据，进而做出决策。这种方法虽然也能解决一部分问题，但由于得出的数据不够精确，对环境变化的反应不够及时，很容易使农业生产者做出错误的决策，导致农业生产遭受损失。

而现代农业中的温湿度监控系统，能够对于农业大棚内的温湿度进行监测，帮助农业生产者实时了解大棚内的环境状况。此系统会以数据的方式直观地将环境状况展示出来，农业生产者可以通过数值的变化，及时地采取针对性的调整措施，保证环境适宜农作物生长。

温湿度监控系统的主要原理是，通过温度和湿度传感器监测室内的温度和湿度，然后再利用采集器对数据进行收集，最后把数据通过网络上传至后台。农业生产者就可以通过后台直接看到温度和湿度的数据了。另外，此系统还配备了监控探头，让农业生产者可以直接观看大棚内的情况。

以托莱斯公司生产的监控系统为例，它不仅能够实时监测室内温湿度的数据，还可以通过后台直接控制遮阳设备、风机设备等。其优势在于，后台系统在分析传感器上传的数据之后，能及时做出应对，很大程度上节约了人力成本。

现今很多农业种植基地都使用了这种系统，避免了传统人工预测的问题，使农作物种植更加科学化。目前农业监控系统主要有以下三类。

### 1. 监控功能系统

监控功能系统是指利用无线网络获取农作物生长环境的数据，如空气温度、土壤水分、光照强度、植物养分等参数。另外，其它参数也可以选配监控，如土壤的 PH 值、电导率等。

监控功能系统能自动进行信息收集，它可以接收传感器发来的数据并将其存储和管理。该系统能够自动获取、管理、显示和分析基地内所有信息，再将其以直观的图表和曲线展示给农业生产者。然后根据以上反馈信息，自动进行灌溉、降温、卷模、施肥、喷药等工作。

### 2. 监测功能系统

监测功能系统的主要作用是对园区内的信息进行自动检测与控制。每个节点都可以监测水分、温度、湿度、光照、养分含量等环境参数，并根据农作物与环境状况进行声光报警或短信报警。

3. 实时图像与视频监控系统

在实际的农业生产中，仅是数值化的物物相连并不能让农业生产者做出最佳决策，视频和实时影像才是更直观的表达方式。比如，某一株农作物缺水了，在数据上仅能看到水分数值偏低。但具体的灌溉水量还需按照农作物的实际情况来，而不是按照数值直接灌溉，因为每个地区的生产环境都不一样，这是技术无法改变的。

而视频监控系统可以直观地反映出农作物的具体状况和生长长势。通过实时图像外加数据资料，农业生产者便能做出科学决策。

## 4.2.2 智能温室打造理想生长环境

天气是影响农业生产的重要因素。在全球气候变化加剧的大背景下，农业产业的不可预测性也随之加剧。为了拥有更高的生产效率和防灾能力，以高新技术为基础的现代化农业生产方式诞生了。其中智能温室就是一个典型的例子。

温室是指能为农作物生长提供最适宜的条件的可控的环境。传统温室不论是内部气候还是农作物生长的数据，都是由人工记录的。其耕作模式僵化，人工无法预判突发状况。

而智能温室则能够通过传感器和通信技术，随时自动监测周围环境和农作物的数据。这些数据会被系统上传到物联网平台，然后结合大数据分析技术来确定环境有无异常。在智能温室中，空调、照明、灌溉和喷洒等设备都可以根据数据分析的结果随时按需调节。另外，智能温室还可以通过监控与数据分析系统预测农作物感染疾病的风险，进而增强农业生产者应对突发状况的能力。

在农业种植方面，智能温室主要有以下 4 种优点。

## 1. 保持理想的农作物生长条件

物联网传感器可以帮助农业生产者全面收集温室内的温度、湿度、光照和二氧化碳含量等数据。这些数据都会实时上传至大数据中心，然后系统会根据大数据中心的分析结果调节空调和照明等设备，维持农作物生长的最理想条件。

## 2. 精准灌溉施肥

除了维持农作物的生长条件外，智能温室还能精准地完成灌溉、施肥等工作。比如，系统显示某一株农作物缺水了，喷洒器就会自动灌溉，直到标准数值就会自动停止。

## 3. 控制感染，避免疾病暴发

农作物感染是长期困扰农业生产者的难题，每次感染暴发都会给农业生产者带来巨大的损失。解决此问题的普遍方式是喷洒农药，但农业生产者往往无法精确掌控喷洒农药的最佳时间，若农药使用不当，反而会带来安全、成本等方面的问题。

智能温室能够全天候监测农作物的生长状况，若有异常便立即向农业生产者发出警报。因此农业生产者可以在感染暴发的第一时间对农作物进行治疗，最大限度地降低风险。

## 4. 防止盗窃

高价值农作物很容易成为偷盗者的目标。由于传统温室使用的闭路电视的监控系统价格高昂，农业生产者为节约成本，很少安装有效的安全系统，给偷盗者可乘之机。而智能温室的物联网传感器有监测温室大门状态的功能，农业生产者可将这个功能与自动报警系统相连，当出现可疑人物时，系统就会自动报警。

农业生产的本质是利用有限的资源供养不断增长的人口。智能温室的出现遵循了这样的趋势，在一个人力成本逐渐提高、资源逐渐减少的条件下，其能帮助农业生产者大幅提高农作物产量。

## 4.3 监控自然灾害

自然灾害自古就是农民忧心的问题，其一旦出现，就会给农业带来致命性的打击。气象、生物、地质、生态这些自然灾害都会给农业生产带来影响。而如何有效预防这些自然灾害，是农业产业一直在研究的议题之一。下面将介绍5G、物联网、人工智能等技术在预防自然灾害方面为农业带来的改变。

### 4.3.1 高温、干旱提早知晓

高温和干旱历来影响农作物生产，它使农业生产者闻风丧胆。严重的干旱能使农作物产量锐减甚至是绝收，这意味着农业生产者的努力全部付诸东流且面临无收入的风险。

而5G和物联网的结合帮助农业生产者改善了这一困境。其能够根据不同地域的土壤类型、灌溉方式、作物种类等划分不同区域，通过各种传感器和智能气象站实现在线获取土壤墒情、养分、气象信息等，实时监测天气变化。它能够有效帮助农业生产者规避自然灾害，实现墒情、旱情自动预报，减少其带来的损失。

墒情（旱情）监测预警系统可解决传统种植过程中对农作物墒情（旱情）监测不及时的问题，为水肥智能决策、控制提供依据，如图 4-1 所示。

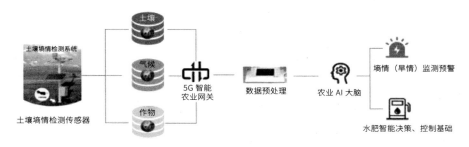

**图 4-1　墒情（旱情）监测预警系统**

土壤墒情系统通过传感器采集土壤数据、气象数据、农作物生理数据等，再借助 5G 网络将获取的现场墒情信息实时回传数据处理中心，由系统进行整合分析，通过和标准墒情信息数据库中对应农作物的标准数据进行对比，达到监测预警墒情的目的。

### 4.3.2　扼杀病虫害在摇篮里

农作物病虫害是主要农业灾害之一。若不做好预防措施预防，其一旦大面积流行，便会给农业生产带来巨大的损失。预测预报病虫害的主要内容包括评估病虫害是否流行及其严重程度，是否需要防治以及防治的时机等。当评估完成后，再针对上述评估结果及时发出预警，指导农业生产者及早制定应对方案。

病虫害种类非常多，传统的病虫害预防工作对农业生产者的技能和经验有较强的依赖性，成功的概率也并不稳定。因此想要做到科学预防病虫害，必须先摆脱对人的依赖，把众多农业专家的经验转化为可快速复制、普遍应用的通用准则，让广大农业生产者能第一时间享受专业的指导。

而深圳市识农智能科技有限公司研发的"识农"App做到了上述要求。该App利用AI技术诊断农作物病虫害，识别率能高达90%以上。

识农App拥有强大的数据库。该数据库的信息有三方面的来源：第一方面是与有关专家、科研院所进行合作；第二方面是工作人员亲自去田间收集相关数据；第三方面是App用户上传的病虫害数据。这些使得该APP能够从全局角度精准把握病虫害发生的趋势而深圳市识农智能科技有限公司研发的"识农"App做到了上述要求。该App利用AI技术诊断农作物病虫害，识别率能高达90%以上。

识农App拥有强大的数据库。该数据库的信息有三方面的来源：第一方面是与有关专家、科研院所进行合作；第二方面是工作人员亲自去田间收集相关数据；第三方面是App用户上传的病虫害数据。这些使得该APP能够从全局角度出发，精准预测病虫害的发生趋势并指导防治。

识农App能将用户上传的案例存储为个性化档案，根据其需求针对性地给予精细化指导，使用户能够在有效防治的基础上科学施用化肥与农药。

以柑橘为例，每天会有大量的柑橘种植者通过该App识别其柑橘上的病虫害。用户拍摄发病作物的照片并上传后，该App后台会运用AI算法进行识别分析，进而指导柑橘种植者用药。若AI无法识别，用户便可以咨询后台的专家，再由专家进一步给出确诊信息和解决方案。

这种智能防治系统能够有效降低试错成本，帮助农业生产者提高种植效率。它使农业生产者在预防自然灾害时从依靠经验、人力到依靠科技，为农业生产带来了极大便利。

## 4.4　监控劳动力

劳动力作为农业生产的主体，其智能化也是技术型精耕细作的表现之一。下面将结合具体案例介绍劳动力优化管理的具体表现。

### 4.4.1　精确计算劳动力数量

智能化的生产、管理过程可以精确地计算出一定量的农业生产活动需要的人工数量，保证人工资源的合理利用；同时，5G 等技术的发展会推动智能机器人在农业生产、管理中的应用，诸如浇水、施肥、采摘等传统农业中耗费人力的重复性劳动都可以通过智能机器人来完成。

举例来说，在京东的植物工厂中，流程化的管理就为植物工厂节省了大量人工成本。京东植物工厂面积不到一公顷，但它的预计产量每年却可达 300 吨。其产量是同面积土地的数十倍。

京东的植物工厂之所以如此高产，是因为这里的蔬菜可以全年生长和收获。同样的作物品种，普通菜地里每年最多收获 4 次，且需要数十名劳动力；而在植物工厂里，一年能够收获近 20 次，且植物工厂仅需 4、5 个工作人员去操纵收获系统，便能完成收获工作，在提高效率的基础上大大节约了人工成本。

依托各种先进技术，农业的生产和管理过程更加智能化，降低了农业生产过程中的人工成本。而农业生产、管理活动的智能化促进了劳动力的智能化发展。在未来，农场、田地中的绝大部分工作都将由智能机器人与科技型劳动力完成，而那时少而精的农业劳动力将是数据分析员、程序员等。

### 4.4.2　中兴展示智能化农业管理优势

在传统农业生产模式下，需要大量人工来进行农业管理工作。一亩地要划分为几个区域，每个区域派一名负责人。而管理智能化能够严格监督农业生产的环节并自动预警。中兴曾做了 5G 智能农业的商用演示，体现了智能化管理的优势。

此次演示的内容是利用无人机拍摄、采集马铃薯农场的生产状况，再通过 5G 网络实时将照片回传至服务器，由一两名专人在后台操作，准确、实时地对马铃薯进行智能化管理。整个采集回传过程不超过两个小时，效率非常高。

该演示过程展现了农业智能化管理的可行性和优势。其能够节省人力成本，优化劳动力管理工作并对农作物进行实时保护，提高农业生产的利润。

# 第5章
# 高素质、现代化农民的培养方案

农民职业化能够为农民提供更多的保障，提高农民的社会地位以及职业自豪感，从而吸引更多的人才来从事农业生产经营活动，在人才环节上助力乡村振兴。

## 5.1 农业职业教育

农业技术的发展对农民的综合素质有了更高的要求，越来越多的乡村开始重视农民个人素质的培育和提升。下面将结合河南夏邑县的案例，具体介绍职业农民的培训体系以及培训方法。

### 5.1.1 多层次、宽领域的农民教育培训

传统农业从事者主要依靠经验与人力，其常年劳作，付出大量的劳动力但收入却相对微薄。随着社会的发展与进步，新技术不断

融入农业行业，农业也不再是只需要体力劳动的行业了，高素质农民的重要性也逐渐凸显。

《中共中央国务院关于全面推进乡村振兴加快农业农村现代化的意见》中明确提出："培育高素质农民，组织参加技能评价、学历教育，设立专门面向农民的技能大赛。吸引城市各方面人才到农村创业创新，参与乡村振兴和现代农业建设。"

由此可知，乡村若想振兴，必须拥有高素质农民。那么，高素质农民需要具备哪些素质呢？乡村又该如何系统性地培训高素质农民呢？

先来看高素质农民应具备的素质。《中国共产党农村工作条例》第二十一条明确提出："各级党委应当加强农村人才队伍建设。建立县域专业人才统筹使用制度和农村人才定向委托培养制度。大力提高乡村教师、医生队伍素质。加强农业科技人才队伍和技术推广队伍建设。培养一支有文化、懂技术、善经营、会管理的高素质农民队伍，造就更多乡土人才。"

当各种新兴技术与农业结合后，农业生产者必须对新技术及新变化有足够的了解，能够适应新技术带来的改变。综上，高素质农民必须是"有文化、懂技术、善经营、会管理的"。高素质农民包括经营管理型、技能服务型与专业生产型三大类。

培养高素质农民是达成振兴目标的重要途径。乡村可以采用"一主多元"的教育培训体系。"一主多元"的"一主"指的是各农民教育培训专门机构作为培训主体，比如，农民科技教育培训中心、农广校等为主体；而"多元"指的是作为辅助的农业科研院所、农业院校等其他社会力量。"一主多元"的培训体系层次与形式多样，覆盖面积广，具有经常性和制度化的特点，能够满足高素质农民的教育培训需求。

此培训体系能够强化各农业科研院所、农业院校的社会服务功能，将科研与教学同农民教育培训结合起来，充分利用各种农民教育培训资源。

### 5.1.2 "四步培养法"积累高素质乡村人才

高某是河南省商丘市夏邑县人。他早年在南方经商，后回到家乡务农，使用大棚种植甜瓜。因为缺乏甜瓜种植经验，高某种植的甜瓜患上白粉病。后农广校的老师教给他"闷棚"方法，高某才保住了下一批甜瓜作物。喜出望外的高某又进修了现代农艺技术专业，靠着这些知识，他年收入近 50 万元，在当地带头致富。

在夏邑县，如高某这般参加过农民职业培训的人数高达 13 万。这些从农民教育培训中获益的人，支撑现代农业的发展。

"农民需要什么技术就开展什么样的培训，使农民听了就明白、学了就会用、用了就能增加收入。"本着这样的出发点，夏邑县以"培养新农民、发展新农业、建设新农村"为己任，采用了"四步培养法"来振兴乡村，如图 5-1 所示。

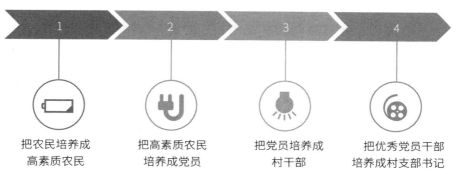

| 1 | 2 | 3 | 4 |
| --- | --- | --- | --- |
| 把农民培养成高素质农民 | 把高素质农民培养成党员 | 把党员培养成村干部 | 把优秀党员干部培养成村支部书记 |

**图 5-1　振兴乡村的"四步培养法"**

这样环环相扣的培养方法，能够让领导人真正了解基层农民的情况，精准地带领农民走上致富道路，达成振兴乡村的目的。

培育高素质农民，实施乡村振兴战略，能够为农业与农村的发展带来如下影响。

（1）提高农业的质量、效益与竞争力，让更多人留在农村，解决农村人才流失的问题；

（2）扩大新型农业经营主体，唤醒农村发展活力；

（3）促进农村各产业融合，进一步开展创业、创新；

（4）引领农业绿色发展，使农村达成"三生"（生产、生态、生活）共赢的局面。

## 5.2 人才如何助力乡村振兴

高素质人才是乡村发展的一大助力。下面将结合具体案例，从产业和科技两个角度来展示人才是如何助力乡村振兴发展的。

### 5.2.1 人才与产业资源紧密对接

人才是乡村振兴的关键因素。其能为加快地方发展速度并帮助地方吸引其他人才与资源。人才与地方发达程度是相辅相成的关系。地方越发达则人才数量越多，人才数量越多则地方越发达。但这也意味着，若一个地方无法吸引人才，则只会陷入"缺乏人才—贫困加剧—更加缺乏人才"的怪圈。因此，乡村若想实现振兴目的，就要留住人才并发挥人才的作用。

欲留住人才，首先，乡村要发展产业。产业能吸纳人才，为人才提供发挥能力的平台。乡村应鼓励人才创业，依靠特色产业吸纳人才回乡就业。

其次，乡村要注重教育，培养人才。随着科技与种植技术的发展，种植早已不再是"看天吃饭"之事。但先进的种植技术也要求农民必须有与之匹配的高素质。因此乡村必须重视对高素质农民和人才的培养。比如开办农民夜校、提升乡村教育等。

再者，乡村要吸引人才。人才是乡村振兴的重要力量，欲解决人才缺乏的问题，乡村就需要加大政策引才力度。除却引进外来人才，本土人才的力量也应得到重视。

最后，乡村要做到"以用为先"，保证人才的能力能够充分施展。如此，人才才会愿意留在乡村，全身心地投入到乡村振兴的事业当中，为乡村振兴持续地贡献力量。

下面结合广州市白云区的例子来看一下。为实现乡村振兴，白云区推出了"人才+"模式。在该模式下，白云区将乡村与中心城区的人才、产业等资源紧密对接，将人才引向乡村振兴的一线，令人才聚集，再令人才投身到特色产业的发展中，使人才与特色产业带动一方致富。

2020 年上半年，该区共引进旅游业、商务业的人才近 500 人。这批人才推动建设了市级以上农业企业 50 余家、市级观光休闲农业示范村 8 个以及市级"一村一品"专业村 3 个。此外，还推动了如世外桃源一类的一二、三产融合发展产业的建设。

这批企业又举办了招聘会，引导企业与乡村自愿结对帮扶，这一举动为当地村民提供了近 3000 个就业岗位。

"事靠人做，业由人兴。"乡村振兴战略离不开人才资源，"产业+人才"的模式能使产业与人才融合，使人才促进产业发展，产业吸引人才聚集，推进乡村快速朝着振兴目标发展。

### 5.2.2 科技人才充分发挥创新带头作用

王杰是一名农业大学的毕业生。当初他之所以选择农业大学，就是想通过自己的力量，带领乡亲们摆脱贫困，走向致富之道。

王杰的家乡本是一个土地肥沃，水源充足的地方。但是由于乡亲们的农作物栽培方法落后，收成有限，所以他的家乡长期处于贫困落后的状态。他的父母也是其中的一员，尽管他们非常勤劳，然而收入却十分微薄，就连王杰上大学的学费都是贷款而来。

从农业大学毕业后，王杰并没有忘记自己的初衷，于是他毅然决然地回到家乡。他的父母对他的这种举动表示不解，也并不支持他这样做。然而，王杰还是排除万难，开始了他的返乡计划。王杰成立了一家农业技术指导公司，开始免费为乡亲们提供农业技术指导。半年时间过去后，王杰家乡的各种农作物的长势都有好转，产量也大大增加了。

王杰的案例就是典型的"科技＋人才"带动农业发展的案例。《中共中央国务院关于全面推进乡村振兴加快农业农村现代化的意见》中表明，要强化现代农业科技和物质装备支撑，加快推进农业现代化。

欲使"科技＋人才"带动农业发展，乡村可以参考如下几点做法：

（1）将创新技术、科研成果、高端人才这类的资源向农业农村集中，令科研院校人才在乡村振兴事业中发挥带头作用；

（2）与农科院、农业大学这类专业技术团队合作，建立对接关系；

（3）利用先进适用技术，围绕当地特色产业开展科技帮扶项目。

## 5.3 持证上岗，规范化发展

当代农村存在着大量劳动力从事第二、三产业以及对年轻劳动力土地的"陌生"的问题。现有务农人群数量相对不足且专业素质偏低。为此，培育新型职业农民一事已经迫在眉睫。

### 5.3.1 农民技术职称证书

新型职业农民会将农业作为固定职业或终身职业。新型职业农民具有六大特征，如图 5-2 所示。

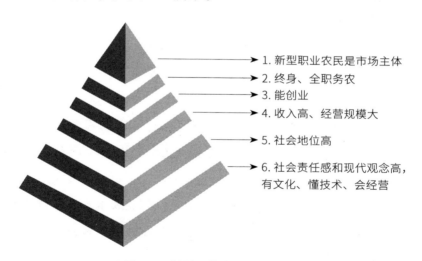

1. 新型职业农民是市场主体
2. 终身、全职务农
3. 能创业
4. 收入高、经营规模大
5. 社会地位高
6. 社会责任感和现代观念高，有文化、懂技术、会经营

图 5-2　新型职业农民的六大特征

培育新型职业农民不仅能够解决"谁来种地"的问题，还能够高效种地、科学种地。

《"十三五"全国新型职业农民培育发展规划》提及："新型职业农民正在成为现代农业建设的主导力量。随着现代农业加快发展和农民教育培训工作有效开展，一大批新型职业农民快速成长，一批高素质的青年农民正在成为专业大户、家庭农场主、农民合作社领办人和农业企业骨干。一批农民工、中高等院校毕业生、退役士兵、科技人员等返乡下乡人员加入新型职业农民队伍。工商资本进入农业领域，'互联网+'现代农业等新业态催生一批新型农民。新型职业农民正逐步成为适度规模经营的主体，为现代农业发展注入新鲜血液。"

新型职业农民分为三类，分别为生产型职业农民、服务型职业农民、经营型职业农民。

（1）生产型职业农民。此类型农民拥有一种或几种高专业度的农业生产技术以及大量农业生产经验。其所从事的农业生产活动具有高附加价值，比如，园艺、经济作物等。

（2）服务型职业农民。此类型农民拥有一定的农业服务技能，主要服务对象为农业产前、产中和产后的群体，比如，农产品电商人才、农害防治人员。

（3）经营型职业农民。此类型农民拥有一定的资金或技术以及丰富的农业生产经营管理经验。其主要从事与农业生产有关的经营管理工作。

而新型农民职业证书是指达到新型农民职业要求的农民群体和通过各类涉农大专院校培训的群体所取得的职业证书。取得该证书有两个条件：一是需要经过600个学时的培训；二是通过相关的考试。

新型农民职业证书有两方面的作用：一是农民凭此证书可以在农业生产的过程中获得免费的指导；二是农民凭此证书可以获得相关农业政策扶持，比如，创业贷款、农业生产用地等。

## 5.3.2　规范经营模式，可持续发展

目前乡村地区的村民主要有两种经营模式，一种是个体经营，一种是与合作社合作经营。依靠个体和经验经营的模式，普遍无法快速发展和可持续发展。下面结合一个具体案例来看。

吕某是 A 村的村民，从事农产品销售业务。一开始，农作物的销售工作主要依靠他和其他村民。他们每天会拿出地图，划分区域，然后由不同人负责不同区域的销售工作。这种销售方式虽然销量大，但始终不稳定。一旦农产品销售不及时，就会面临变质的风险。

后来吕某偶然之下了解了规范化经营的发展理念，于是同众村民一起对现有的经营模式进行了改革。其具体做法如下。

### 1. 成立销售工厂

由村民供货，员工统一打包农产品，而后进行销售工作。收入按村民所供农产品的数量和质量进行分配。

### 2. 采取合作化经营模式

A 村的农民专业合作社经营范围广，其主要经营对象为当地的特产和农产品。其中有四种颇具特色的合作化经营方法值得借鉴，下面来具体看一下。

（1）成立"社企连接"型合作社。"社企连接"型合作社由当地龙头企业主导，通过企业与合作社合作的方法，构建以龙头企业为主导，将农民专业合作社当作主体的合作模式。在这种合作模式下，农民能够同合作社建立密切的合作关系。

以该村的茶叶专业合作社为例，其由 A 村一家茶厂发起，帮助

附近约 400 家农户提高了收入。该茶厂在此合作模式中负责向合作社提供其生产所需的农业物资。为保障生产效率和产品质量，该厂聘用了专业茶叶种植人员和技术顾问，从源头上把控茶叶的质量与产量。

这一模式降低了茶叶的生产成本和生产风险，提高了合作社各成员的收入以及合作社的市场竞争力，令企业、合作社与农民三方共赢。

（2）成立"社户连接"型合作社。农民专业合作社与个体农户合作，以"合作社 + 农户"的模式进行生产，是其进入市场的主要渠道之一。在该合作模式下，农民专业合作社可为农民提供技术指导和管理经验，而农民生产出的农产品在农民专业合作社的资金链和销售渠道等优势的帮助下，能够产生品牌效益。

这种合作模式从农产品的生产技术、质量、定价等角度帮助农民解决了农产品滞销的问题。举例来说，该村的养蜂专业合作社就是典型的"合作社 + 农户"的生产模式。该养蜂合作社的创始人拥有 20 年的养殖经验并拥有自己的品牌。

后其建立了该合作社，联合当地养蜂人共同养蜂。创始人为当地养蜂人提供养蜂指导，产出的蜂蜜则以此养蜂人的品牌名义进行售卖。"社户连接"型合作社的本质是先进个人带动他人共同致富。此种合作社形式也是最常见的形式之一。

（3）成立"社超连接"型合作社。"社超连接"型合作社是指农民专业合作社直接向市场供货，是一种跳过传统中间收购商的直接合作的模式。该合作模式拓宽了农产品的销售渠道，且因为没有中间商赚取差价，增加了合作社和农民的收入。

举例来说，该村的蔬菜专业合作社就是典型的"合作社 + 市场"的生产模式。该蔬菜专业合作社的蔬菜统一采用品牌名和包装样式，通过专属渠道直接配送到当地实体超市。

（4）成立"社店结合"型合作社。"社店结合"型合作社指的是合作社开设专营店铺售卖农产品。在这种模式下，合作社能够直面消费者，及时了解其需求并得到消费者的反馈信息。通过反馈信息，合作社能够及时对生产销售的各个环节进行调整和管理。

这种模式能够减少中间代理商的成本，增加合作时的利润。但其缺点是成本较高，因为开设专营店铺需要大量成本，比如，房租、网费、员工工资、装修费等。而且当专营店铺的收入不理想时，合作社的整体状况都会受影响。

但随着互联网技术和电子商务行业的发展，大量合作社改开网店，此类型的合作社逐渐转为电子商务型合作社。电子商务型合作社使企业、厂家、合作社的连接更密切。比如，当地的茶叶专业合作社开设了一家线上旗舰店，由当地茶厂直接提供品牌货。

### 3. 建立产品生产标准

建立产品生产标准的目的在于生产优质安全的农产品。这种标准化的农产品更符合消费者的需求，也更容易打造品牌，提高农产品的附加值。

A 村的案例给乡村的启示是：规范化经营可以让职业农民有发挥的空间，能提高村民的收入，减少生产环节的成本，降低个体经营的风险。这种规范化的经营模式，实质上是实现了更大范围的资源共享。

# 第6章
# 推进农业服务业，实现综合性发展

农业服务业指的是为农业生产活动提供服务的行业，其服务包含农资、农业技术、金融、保险等方面。农业服务业是现代农业的关键组成部分，是现代农业发展的引擎。下面将具体介绍农业服务业的兴起原因以及何种农业服务模式更优质、更容易落地。

## 6.1 高效农业催生的农业服务业

现代社会对高效农业的需求越来越大，因此农业服务业的重要性越来越凸显。本章将从土地、人才、互联网等角度具体剖析农业服务业兴起的原因。

### 6.1.1 土地流转变为买方市场

农村土地流转指的是农民在不变更承包经营权的前提下，把土地经营权移交给其他经营单位。而近年来土地流转的速度明显加快，造成这种情况的原因如下。

### 1. 大量劳动力进城落户，留守农民劳动能力弱

由于传统农业生产经营活动利润低、收获慢、大量消耗体力，农村发展落后，医疗、教育资源匮乏等原因，乡村地区的许多青壮年劳动力纷纷向城镇地区流动。而且由于乡村的发展状况与城市相距甚远，这些青壮年劳动力挣到钱后，往往选择在城市落户，不会返回乡村。

而乡村地区的留守农民可以分作两类：一类是 60～70 岁的老年人，他们往往长期驻守在当地；另一类是 50～60 岁的壮年人，他们属于"候鸟式"留守，即农闲时进城务工，农忙时回家种地。

前者由于年龄原因，丧失了大部分劳动能力，无法外出务工。因此只能常驻在家，在农忙时节帮忙收获，在农闲时节在家中养老。而其子女往往在城镇地区就业或安家，极少回乡；后者随着年龄增长，也会慢慢丧失劳动能力。因此其手中的土地只能被迫流转或转让。

### 2. 土地流转由卖方市场变为买方市场

在早先时候，农民自身对土地需求量大，自家土地一般都是由自家耕种，很少会选择出租或转让。彼时乡村地区若有人有意愿建立合作社或想承包土地的，需要付出高昂的租金，能租赁到的土地数量也有限。故而那时的土地流转是卖方市场。

而近年来，随着人口外流，务农人数减少，乡村地区存在着大量闲置土地。因此土地流转变为买方市场。有心者可以用相对低的价格租到大量土地。

### 3. 政策推动土地流转

为了使乡村地区的闲置土地得到利用，政府出台了相关政策，发放各种补贴鼓励种田人承包土地。比如，颁发土地承包权、土地使用权证书等。在这些条件的影响下，土地的承包权和使用权能够进入市场。农民可以选择有偿转让或者直接过户，此种措施既保障了土地承包制度，又促使了土地流转速度加快。

而土地流转的加速促使农用物资的销量减弱，因此一部分农资经销商为了增强竞争力，从农资经销商转型成为农业服务商。

## 6.1.2 人口红利消失，缺乏高素质人才

农业劳动者指的是参与农业生产经营活动的人，包括但不限于涉及任何种植业、牲畜饲养业、园林业、水产产业等。

前文阐述了农村劳动力大量流失的原因。目前，乡村地区的剩余劳动力多为女性与老年群体。这些剩余劳动力普遍受教育水平低，且不具备太高的劳动能力。

农业工作对体力要求高、劳作时间长且利润低，因此越来越多的农村家庭的劳动力开始外流。农业劳动力人数减少目前已经是全球性的问题。

下面来具体看一下劳动力成本上升的原因。

（1）劳动力供小于求。我国是农业大国，但当前社会的主流观念是农业社会地位相对较低。国人长期以来轻农重工，从事农业无法满足年轻劳动力对于个人和职业发展的需求，农村人口向城市流动导致农村劳动力越来越少。虽然智慧农业的发展弥补了部分劳动力减少带来的影响，但部分农事作业是无法由机器取代人工的，比

如收获、播种等。这种供小于求的情况使得最终的劳动力成本上涨。

同时，非农业行业的收入普遍高于农业，其收入的上涨也促使农业劳动力的价格升高。因为若非农业劳动力与农业劳动力的收入相差过大，会导致更多劳动力选择从事非农业劳动工作。如此一来，潜在劳动供应量又会减少。在这些原因的作用下，劳动力的成本日趋升高。

（2）人口结构改变。我国人口基数大，劳动力数量多，基于此人口红利，我国发展十分迅速。但受生活成本增加、生育压力增大等因素影响，我国的人口出生率呈现下降趋势；同时，由于医疗体系逐渐完善，人均寿命越来越长。劳动力的占比在这一过程中越来越低，我国人口结构也随之发生改变。因此劳动力成本上升。

而劳动力人数下降、成本激增的情况使得越来越多的农业生产者对劳动力的需求提高，他们渴望以更少的劳动力获得更高的生产效率，因此促使新型农业设备租赁服务业和农业技术指导服务业等行业兴起。

## 6.1.3 数字化发展促使农业全面升级

移动互联网信息技术的快速普及，使得以移动终端为载体的数字内容迅速发展。这意味着人们可以轻松享受互联网技术带来的种种便利。互联网的发展与各种技术手段的成熟为农业带来了新的突破，更为农民开拓了新的发展思路。

互联网使农业实现了四个方面的智能化提升：一是种植、养殖技术智能化；二是种植、养殖过程智能化；三是农业生产管理智能化；四是劳动力管理智能化。此外，互联网与 AI 技术的结合使农产品销售变得智能与便捷——AI 技术能够智能地为农民推荐销售渠道，而互联网为农民提供远程实时沟通渠道，这使得农业行业形成从产到销的全产业链，农业发展更加迅速。

在这个过程中，大量的农村劳动力从繁重的传统农事生产中解放出来，他们有更多精力去拓宽收入渠道。此外，直播、短视频等新媒体平台接触门槛低、观众流量大，许多农民借助这些平台去宣传农产品与农村文化并从中获得收益。

互联网让农业生产更智能，让农业管理更便捷，使智慧农业实现全方位的升级，因此促使大量农业服务平台出现。

### 6.1.4　科技人才推动农业生产转型

受传统发展模式的影响，大量农村人口因为教育、医疗等资源迁往城镇，农村地区高素质人才流失严重。农业生产者的年龄、文化、性别结构不协调且对互联网信息技术缺乏了解，现代化农业生产意识淡薄。

但近年来，由于以下这些原因，大量高素质人才向乡村涌进。下面来具体看一下。

（1）城镇地区生活成本过高。房价上涨过快，物价过高，严重影响了人们的生活质量。而随着乡村地区基础设置的完善和整体的发展，人们发现乡村生活压力更小、环境更好，整体宜居性更高，因此又向乡村地区流动。

（2）政策的支持。近年来，国家重点解决三农问题，加大对乡村地区发展的支持力度和补贴力度。2021 年中央一号文件提出："吸引城市各方面人才到农村创业创新，参与乡村振兴和现代农业建设。"

（3）情怀因素。许多在外打拼的人才对于故乡有着怀念和眷恋的心理，其愿意在功成名就后带着资源回到家乡，助力乡村的发展。

新型的智慧农业对于科学生产知识、互联网应用技术、数据化分析技术和农机设备智能化操作等提出了很高的要求，所以其需要的是既掌握农业知识又懂得信息技术的高素质人才。而这些人才能够满足这一要求。

这些人才回到乡村后，往往不直接从事农业生产活动，而是作为复合型农业生产管理人才，为农业生产提供各种各样的服务，比如，技术指导服务、农产品销售服务等。

## 6.2　可落地的农业服务模式

农业服务业处于刚兴起的阶段，如何将优质的技术和更高效的推广方式结合起来，让优质的农业服务模式落地，是农业服务需要面对的重要问题。本章将具体介绍几个针对性强、实用性强的农业服务模式。

### 6.2.1　新型农技指导

新型农技服务指的是为农民提供新型农业技术方面的指导与服务。大部分乡村地区的农民的种植手段和种植技术相对落后，外加乡村地区人才有限，信息相对闭塞，农民遇到生产种植问题很难得到有效帮助。

新型农技服务公司能够有效解决农民"找不到人"和"不知道找谁"的难题。农民可以通过致电、到访等方式，向此种服务公司求助。而公司只要做到迅速、高效、专业，就能为农民提供帮助，成功创业。下面结合具体案例来看。

　　林先生一家世代经营水产养殖业。传统的水产养殖业主要以家庭生产经营模式为主，其效率低、养殖风险大。2020 年初，林先生从外地高价引进一批鱼苗，但因为养殖方法不当，鱼苗损失过半。林先生难过之下向当地的养殖服务公司进行咨询，公司迅速派人来实地考察。经推断，这批鱼苗的死因是养殖密度过大。

　　公司根据水产养殖的三大核心因素，即底质、水质、鱼质，迅速为林先生制定了这批鱼苗的养殖方案。在公司的指导下，林先生的养殖工作顺利开展。

## 6.2.2　农业保险

　　农业保险服务指的是为农业生产经营活动提供保险服务。农业的生产经营活动受天气、自然灾害等因素的影响，风险相对较高，同时农业生产活动投入时间长，收获慢，一旦农作物受损，农民极有可能遭受巨大的损失。

　　而农业保险能帮助农民分散农业生产风险，避免其因灾致贫。这也是农村的保险市场需求巨大的原因。

　　王某是某高原地区村落的村民，其从事小麦种植工作。当地易旱，土壤肥力低，天气因素稍微不稳定，农作物受影响就很大。王某务农多年以来始终提心吊胆，担忧农作物减产，收入来源骤减。这也是当地人们共同的忧虑之处。

　　后来该村成立了一家保险公司，相关保险服务一经推出，便广受当地村民欢迎。村民终于可以走出没收成就没饭吃的困境。

　　目前在我国，诸如水稻、蔬果、家禽等方面的农业保险服务，其覆盖率和承保率均有较大幅度的提升。

### 6.2.3 中化集团：现代农业技术服务平台

农民会选择某种农业服务模式，是因为它能够改善或解决问题。而农业生产经营过程中存在的问题，以缺乏技术支持、产品利润低、种植风险大等为主。农业生产经营是一个综合性的过程，中化集团的 MAP（Modern Agriculture Platform，现代农业技术服务平台）模式能在这个过程中为其提供多方面的保障。下面结合具体案例来看一下。

某镇的土地流转比例逐年增高，但租赁土地的生产者由于缺乏先进的种植技术，不断亏钱。后当地村民开展了与中化集团的合作。中化 MAP 模式能从以下几个角度为村民提供帮助，如图 6-1 所示。

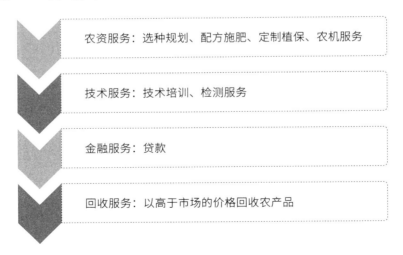

农资服务：选种规划、配方施肥、定制植保、农机服务

技术服务：技术培训、检测服务

金融服务：贷款

回收服务：以高于市场的价格回收农产品

**图 6-1 中化 MAP 模式提供的服务**

中化 MAP 模式为当地村民提供了优质农资，全程提供技术服务；其技术人员可以实地指导、实操经验足。在这种模式下，农民不仅能够提高农作物的产量，还可以免去农产品滞销的后顾之忧。这种能够解决农业生产痛点的模式，是真正能够落地的好模式。

# 第 7 章
# 农产品深加工摆脱薄利多销的困局

农产品的经营环节是农业的重要一环，通过经营获取利润也是农业生产的目的。但目前农产品的经营过程存在着同质化严重、利润低等问题。本章将具体分析单一农产品利润低、销量少的原因，讲解如何用品牌化和跨界发展打破这一僵局。

## 7.1 低端农产品不好卖的原因

农产品同质化严重、未能品牌化是农产品滞销的关键因素。造成这种局面的原因有多种，比如，农产品产量过剩、农产品自身附加值低等。下面将具体介绍造成农产品滞销的原因以及改善这种局面的方法。

### 7.1.1　产量过剩，供大于求

单一农产品销量差的原因在于，当下的市场存在着农产品严重同质化的问题。这种同质化来源于生产方面。

生产方面存在着产量大、供大于求的问题。国家统计局发布的《中华人民共和国 2020 年国民经济和社会发展统计公报》中显示，2020 年我国粮食总产量约 66949 万吨，猪牛羊禽肉产量为 7639 万吨。但通常情况下，人均粮食需求量仅约为 300 公斤 / 年，其供求明显失衡。而且不仅是粮食、肉类，据分析，目前所有农产品市场几乎都存在供大于求的问题。

这种过剩问题在蔬菜、水果、牛奶这类的农产品上表现尤为突出。这是因为果蔬业和养殖业相比种植业收入高，劳动强度低，是更为快捷的致富途径。加之许多地区号召产业扶贫，政府投资大量资金去兴建果园、蔬菜大棚等基地，亦吸引了商业资本跟风投资。几方合力虽能使产量增加，但价格却并未上涨。

此外还存在着因为行情不好，农产品价格持续低迷，无法销售，最终只能烂掉或倒掉的情况。

实际上，农产品获得成功的关键因素在于，其必须拥有自己独特的价值，即能提供其他农产品不能提供的价值，包括物质价值和精神价值。农产品经营者要让消费者形成固定的认知，让其有类似的价值需求时，能立即联想到自己的农产品。只有这样，农产品才能在同质化市场中有立足之地。

### 7.1.2　没有品牌，定位低端

优质不优价是农产品销售过程中的突出问题。许多农产品虽然品质极佳，但是由于缺乏好的品牌，在其大量应季集中上市后，很容易陷入同质化陷阱，难以卖出好价。这种优质却无法优价的情况，在生鲜领域，比如，蔬菜、水果这类难以储存的农产品更为明显。

品牌到底对农产品的意义有多大呢？以河北省的富岗苹果为例，该品种的苹果酸甜适口、富含大量营养价值，现如今为高端苹果，售价昂贵。但富岗苹果也有一段低价历史。

富岗苹果提价的机缘来自富岗村的村支书杨双牛。为了拓宽富岗苹果的销路，杨双牛来到北京，意外发现来自海外的富士苹果"世纪 1 号"与富岗苹果外形非常相似。在经过购买并品尝后，杨双牛发现，二者不论是外观还是味道，几乎一模一样。但这个"世纪 1 号"苹果，仅一只便要 100 元，是富岗苹果的 100 倍。

上述案例便展示了品牌的力量。质量同样出色的苹果，当其被打造成了高端品牌，便能既优质，又优价。那么，农产品经营者该如何打造农产品的品牌呢？下面两点建议可供参考。

## 1. 品牌命名

部分农产品经营者认为农产品品牌的名称不重要，只要农产品质量好，自然不愁消费者上门。实际上并非如此。农产品品牌名是最简单的农产品广告语，消费者会根据品牌名称对农产品形成第一印象。

比如，一种大米开始命名为"某某好大米"，这就是一种模糊的、没有吸引力的品牌名。怎么好、好在哪，这些信息都没有展示给消费者，无法打动消费者，消费者自然不会选择购买。后该大米追溯此米历史，发现其曾被当作进贡物品，虽改名"某某贡米"。这个名字直接明确了其高端定位，体现出自己与竞争对手的不同。并且由于是曾经的进贡物品，其价格也随之上涨。这就是品牌命名的重要性。

2. 品牌调研

品牌调研是农产品经营者在发展品牌时不可忽视的步骤。它共有五个环节。

（1）确定目的。在展开品牌调研之前，农产品经营者首先要明确品牌调研的目的，包括增加农产品销量、了解竞品等。

（2）搜集资料。在互联网时代，农产品经营者要学会尊重数据、解读行业报告，充分发挥数据对品牌调研的作用。搜索平台可以使用百度、谷歌、微博、知乎等常见搜索平台。

（3）受众分析。明确产品的受众人群是销售农产品的前提。

（4）品牌策略分析。农产品的品牌传播也要有一定策略，一般按照"创造需求""创造体验""培养情感"这几个维度来进行。

（5）策划数据分析。

农产品的品牌调研要建立在科学的基础上。无论是调研期间的监测还是调研后的复盘，数据都很重要，因为它能客观反映一些信息，所以农产品经营者在进行品牌调研时一定要注重数据的作用。

## 7.2 提升产品价值，品牌化经营

农产品经营问题包括农产品利润低、缺乏竞争力等。而破解这种局面的唯一钥匙就是找到农产品的独特优势，再根据其优势将其品牌化。优质的品牌能够为农产品带来大量的附加价值，提高农产品的竞争优势，使其在同质化严重的市场中脱颖而出。

本章将结合具体案例介绍将农产品品牌化的方法，教导农业生产者如何找到农产品的优势、如何赋予农产品文化价值等。

### 7.2.1　提升产品档次，打造精品

若要在同质化的农产品市场中立足，农产品经营者可以尝试将农产品精品化。

精品化的第一步是确保农产品足够优质。在实际生活中，消费者常愿意为高档农产品品牌付出高价。究其原因，是消费者认可高档农产品品牌的产品品质。高档农产品往往具有安全、美味、优质的特点。这也是打造高档农产品品牌的前提。

精品化的第二步是将农产品进行品类细分，即将产品所在的大品类细分成许多小品类，然后根据其中一个小品类研发精研产品，从而与其他产品拉开差距。例如，鸡蛋的营养价值是提供蛋白质，市面上所有的鸡蛋都拥有这个功能。为了形成区分，各商家开始将赋予其鸡蛋不同的定位，比如，无菌鸡蛋、粗粮鸡蛋、柴鸡蛋等。

之所以要进行品类细分，是因为每个消费者的具体需求都是有所不同的。例如，两个人都要喝牛奶，但 A 是女孩子，怕牛奶的脂肪会让她发胖，此时脱脂奶就是其最佳选择；B 爱好健身，希望通过喝牛奶补充蛋白质，因此高蛋白牛奶就是其最佳选择。每种细分的品类都能够打动一部分消费者，让其在众多产品中优先选择经过细分的、符合其需求的产品。

精品化的第三步是设计包装。有时候相同的产品，仅换一个包装就能让其在同类产品中脱颖而出。很多农产品在销售时直接采用塑料袋，随手一装便草草出售，给人一种随意的感觉。而精包装的农产品能给予消费者一种"仪式感"，如图 7-1 所示。

精品化的第四步是寻找合适的销售渠道。不同价位的商品对应不同档次的销售地点，精包装的贵重产品出现在路边小摊，消费者是难以给予认可的。因此，农产品经营者必须根据农产品品牌档次

图 7-1　精包装的蜂蜜

去联系合适的销售地点。

只有严格把控每一个精品化的环节，才能在同质化的市场中打造出一个精品化的农产品品牌，为农产品销售事业带来生机，为乡村带来收益。

### 7.2.2　放大地区优势，打造卖点

特仑苏诞生的时候，国内牛奶市场的竞争正处于激烈阶段。各种脱脂奶、高钙奶几乎占据了市场的大部分份额，营销手段也是花样百出。为什么特仑苏能在如此激烈的市场竞争中分得一杯羹呢？原因是其宣传语带给了消费者一个与众不同的牛奶消费场景。

特仑苏的宣传语是："不是所有牛奶都叫特仑苏。"其最独特的地方在于，它的专属牧场坐落于"黄金奶源"纬度带上。北纬40度地带由于常年温暖、气候舒适，被公认为"黄金奶源"纬度带，该区域长有世界上最优质的牧草。牧草的品质又决定了奶牛的牛奶质量。特仑苏将这一得天独厚的优势放大，作为自己的宣传素材，成功地打入高端牛奶市场。

这种放大地区优势、塑造产品特色的做法就是所谓的品牌"卖点"。一个卖点必须具备三个突出特征：

（1）卖点不是自己强调的，而是通过强调农产品的效用让消费者自己意识到的。特仑苏通过向消费者强调"不是所有牛奶都叫特仑苏"这个信息，让消费者意识到了"优质""高端"是特仑苏的卖点。

（2）卖点必须是竞争对手还没有提出或者根本无法提出的。"黄金奶源"纬度带这一卖点，在当时的牛奶市场是由特仑苏首先提出来的，并且通过简洁、深刻的广告语将这一概念打入人心，让其他品牌很难模仿。

（3）卖点必须具有强大的销售力，能促使消费者快速采取行动。"不是所有牛奶都叫特仑苏"强化了消费者对产品的认知，即让他们形成高端牛奶就是特仑苏的印象，从而促使年轻人在挑选高端奶制品时主动选择特仑苏。

除此之外，还有宁夏的"塞外香富硒香米"。宁夏地区有着独特的富硒土壤，该土壤的碘含量超出国家标准富硒稻谷界定标准数倍。因此，该农产品放大了其地区优势，以此作为产品卖点，成功打造了一款畅销农产品。

如果农产品经营者感觉自己的产品销量不佳同时又很难改进，可以思考是否能利用地区优势及时打造产品品牌卖点，提升农产品的销量并帮助农产品在市场竞争中脱颖而出。

## 7.2.3　突出传统文化，营造共鸣

面对农产品的同质化，农产品经营者可以通过赋予农产品文化价值，提升农产品的认知度，以此获得消费者的认可。提高农产品认知度的关键是保证农产品与相关服务具有正面积极的价值，并且

农产品经营者利用一定方法向用户强化这种价值。

下面结合鱼峰区的案例来具体看一下。

我国拥有五千年的浩荡历史文化，其中很多内容都与农业方面联系密切。比如，二十四节气，如图7-2所示。

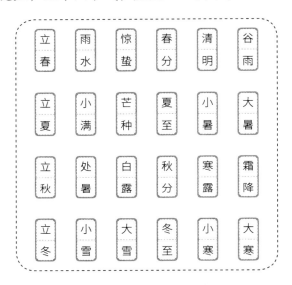

图 7-2　我国传统二十四节气

每一个传统节气都有其独特的内涵，柳州市鱼峰区便将农产品售卖与这一传统文化结合起来，既推动了文旅复苏，又带动了农产品的销售。

鱼峰区包含里雍镇与白沙镇。两镇坐落于柳江的东部，沿河两岸土壤肥沃，盛产豆角、竹笋和木耳等农产品。为振兴乡村，该区推出了"中国传统二十四节气美食系列文化活动"，将乡村振兴与中国传统节气文化相结合。

每年6月的第二个星期六是文化和自然遗产日。在这一天，该区举行了"2020年传统节气美食文化之寻味芒种活动"。游客可在美景中品尝当地的头菜、酸豆角、糯玉米等特色小吃，参加包粽子比赛，还可以观看石灰糕、里雍头菜、五色饭等 12 项列入该区非物质文化遗产名录的传统制作技艺。

鱼峰区将美食与美景结合，把本土特产融入传统文化，一举吸引了上万游客入园参加活动。此举拓宽了农产品的销售渠道，提高了旅游商品和农产品的销量，大大提高了当地人民的收入。

将农产品与传统文化相结合，能赋予农产品文化价值，而文化价值能够唤起消费者的情感共鸣，进一步提高消费者对农产品的认知度。

鱼峰区将乡村振兴与中国传统节气文化相结合，消费者在购买产品时便会不自觉地存在情感倾向性，发自内心觉得其参与了传承传统文化的过程。因而，在农产品相同的情况下，鱼峰区的产品能让消费者更有共鸣，自然会成为消费者的最优选。

### 7.2.4　三只松鼠枣夹核桃：小食品为什么能爆火

滞销问题和利润问题无疑是农业的两大痛点。虽然致使农产品滞销、利润低的主要原因在于供求关系和市场环境等，但除了寻找外界原因，农业行业和农业生产者还可以从农产品本身寻找突破点。下面结合具体的案例来看一下。

三只松鼠零食品牌旗下有一款名为"枣夹核桃"的产品，一经上市就迅速爆红。许多商家对此都羡慕又不解，核桃和红枣都是再普通不过的农产品，为何一经组合，就能如此爆火？下面来具体看一下这款小食品爆火的原因。

#### 1. 拥有准确的细分市场以及定位

品类细分定位指的是将品牌所在的大品类细分成许多小品类，

然后根据其中一个小品类研发产品，形成与其他产品的差别。在激烈的市场竞争下，细分市场的程度在某种意义上决定品牌运营的成功与否。

而三只松鼠就拥有准确的细分市场和定位，"枣夹核桃"顾名思义，就是将红枣和核桃组合在一起售卖；其定位的人群是全年龄段的受众，因为核桃与红枣这两款农产品对任何年龄段的人来说都是有益的。由于细分市场和定位准确，该产品一经推出就备受大众喜爱。

## 2. 满足不同消费者的个性需求

"枣夹核桃"产品爆火的另一个原因，是因为它能够满足不同消费者的特定需求。

消费者购买某款产品的重要原因之一，就是此产品能够满足特定的需求。例如，富有的消费者通过购买溢价严重的奢侈品，向他人展示自己富有的形象；生病的消费者通过购买保健品，增强自己的体制等。

而红枣有滋补养颜的功效，满足了女性用户在美容方面的需求；核桃具有补脑、益脑的功效，满足了青少年、上班族群体在保健方面的需求等等。所以这款产品才能够在各种消费者群体中爆红。

## 3. 方便简约是产品畅销的关键

大道至简的道理同样适用于农产品。携带是否方便、食用是否方便等也是决定一款产品能否畅销的关键因素。

而三只松鼠"枣夹核桃"满足简约的要求，它解决了核桃和大枣滞销的部分痛点。在一般情况下，消费者购买了核桃后，需要经过困难的去皮过程，且难以剥出完整的核桃仁；而购买了红枣后，需要清洗、去核才能食用。这种过程降低了消费者的消费体验，也是消费者不愿意购买的原因。

"枣夹核桃"帮助消费者解决了红枣与核桃食用麻烦的问题，改善了其消费体验，因此可以爆火。

### 4. 将农产品升级为时尚零食

农产品的消费场景长期与一日三餐挂钩。这使其附加值非常低。

而三只松鼠"枣夹核桃"产品深度挖掘农产品的娱乐、休闲消费场景，丰富了核桃与红枣两款农产品的内涵，将其变为时尚零食，用品牌提高了其附加值。

此外，"枣夹核桃"产品在没有破坏产品基础的前提下对产品本身进行了提升。这种升级方式节约了加工成本，且天然农产品本身对消费者就有吸引力，因此能够爆火。

总结一下就是，三只松鼠"枣夹核桃"爆火的最本质原因是其以消费者为中心，解决了消费者痛点。因为痛点代表着有待解决的问题，而问题背后就是发展机会。这种爆火的思路值得各乡村与诸农产品经营者借鉴。

## 7.3 跨界经营，叠加影响力

本章所介绍的跨界方式有两种：一种是同一产品自身跨界发展。比如，某农产品原本属于第一产业，但是农业生产者利用营销手段开发了其附加价值及新产业；另一种是跨界联名营销，比如彩妆品牌和农产品品牌跨界联名营销。这种营销手段看似无厘头，但是却是一种经受得住市场考验的营销方式。它的本质是两个品牌的影响力互相叠加，彼此资源共享。

### 7.3.1 花海中开出的"甜美产业"

成功打造品牌并不是营销的终点，乡村需要持续强化品牌，提升品牌形象，让品牌可以为乡村带来更多的价值。而跨界发展无疑是一种强化品牌的好手段。下面结合乡村 A 的案例来看一下具体做法。

乡村 A 曾经是典型的贫困村，村集体负债累累。后在当地政府的带领下，由种粮改种了玫瑰花，村民们依靠卖玫瑰花改善了当地经济状况，将此玫瑰花打造成了当地特色品牌。但是卖玫瑰花的收入始终有限，为了贯彻乡村振兴的目标，当地又沿着以下思路，走上了农产品跨界创收的道路。

#### 1. 调研

调研工作的好坏是农产品品牌能否顺利发展的前提。农产品经营者需要对于乡村现状和市场现状进行分析，根据调研结果规划农产品品牌的发展路径。

该村对玫瑰花市场进行调研，分析了玫瑰花的市场价值，根据调研数据确定了玫瑰花待开发的用途，为打造三产融合项目奠定了良好基础。

#### 2. 深度挖掘农产品的潜力

乡村在挖掘农产品潜力时，要从农产品自身入手。对农产品自身的挖掘是要通过深度地分析农产品找到其优势。该乡村种植的玫瑰花是食用级别的品种。以往该乡村只将其作为原料出售，利润很低。该乡村从这个角度入手，与第三产业融合，打造了可观赏、可采摘的玫瑰园，提高了玫瑰的附加价值。

此外，该乡村还不断延伸玫瑰深加工项目，游客可以观赏玫瑰果酱、玫瑰纯露等商品的制作过程，同时可以在观赏结束后直接购买。

通过深挖农产品潜力，该乡村成功打造了一个集种植、加工、直销、旅游为一体的三产融合型农业项目，为当地带来了巨大的收益。

### 3. 创新

因为市场上的竞争是一直存在的，农产品经营者要想在越来越激烈的市场竞争中始终立足，就要依靠创新的力量，用创新缔造出农产品品牌的市场优势。

该乡村为了加快三产融合项目的发展，以农耕文化为特色建设了民宿。在民宿北侧，该乡村种植了鸢尾、乔木等植物，打造了独特的"春花、夏林、秋果、冬叶"四季景观，吸引了大批慕名而来的游客。

此番操作使该村玫瑰花的品牌价值得到迅速提升。其丰富了主品牌内涵，给消费者带来了新鲜感，让消费者感知到品牌的创新精神。品牌产品的多元化也为消费者提供了更多选择，满足了消费者的多样化需求。

乡村在进行跨界创收时，可以借鉴上述案例中乡村 A 的做法，挖掘农产品的价值并对其进行深加工，用单一产品去创造多元价值。

## 7.3.2 樱桃与口红：农产品跨界营销之法

如今，跨界营销已经成为一个大趋势，在这种大趋势下，各行各业都不再像以前那样只知道"闭门造车",而是希望通过与合伙人达成合作来抓住分流的消费者。那么,什么样的合伙人适合进行合作呢?最关键的就是双方要有契合点和互补点。

下面用红唇之吻牌樱桃和彩妆品牌玛丽黛佳的案例来具体看一下。

红唇之吻牌樱桃和彩妆品牌玛丽黛佳携手,共同开启了一次主题为"红唇之吻,小心亲咬"的跨界营销。此次跨界营销让红唇之吻牌樱桃和玛丽黛佳在激烈的市场竞争中实现了共赢。

从农产品自身来看,红唇之吻牌樱桃色泽鲜红,味道香甜,能够使人联想到女人的红唇,进而联想到口红。二者在目标受众上也有很高的契合度,都将年轻人视为主要客户群体,符合前面提到的"有契合点"这一关键之处。

从销售渠道来看,红唇之吻牌樱桃的主要销售渠道是线下,而玛丽黛佳则长期致力于线上销售,线上渠道比较强大。二者达成跨界合作,就是实现了线上与线下渠道的融合,不仅可以提升消费者的消费体验,还可以起到互补共赢的作用。有了前述基础,此次跨界营销成功引发了一波购买狂潮。

这个案例给农产品经营者的启示是:

(1)农产品品牌在跨界之前,应该从"色、香、味、形、触"五个层面出发,深度探究自身的出彩之处,赋予水果性格特征,令消费者产生情感共鸣和价值认同感。

(2)农产品若想领先行业,无外乎有两种方式,一是抓住自身优势不断放大,拉开自己与竞争对手的差异;二是找到有契合点和互补点的合伙人,与其进行合作,实现跨界营销。

(3)跨界营销应充分满足消费者差异化、细分化的需求。

# 第 8 章
## "没有中间商赚差价"的农村电商

互联网技术的普及给乡村地区带来了众多商机，尤其是电商行业与农业的结合，为农业带来了大量的利润。发展农村电商是振兴乡村的关键环节，本章将结合农村电商的成功要素，从前期准备、日常运营、制度管理等角度细致讲解"小白"如何入行农村电商。

### 8.1 从小农户到新农商

随着农村地区的科技发展，许多农村电商团队拔地而起。电商团队的管理问题也成为了各农村地区亟待解决的问题之一。要想做好农村电商团队的管理工作，首先要解决一些核心的问题，比如，如何做好组建农村电商团队的前期准备工作、如何做好农村电商团队的运营工作等。对于这些问题，本章会为读者详细解答。

### 8.1.1 前期准备：好平台才能带来高收益

选择好合适的线上平台是入行农村电商的第一步。通过网络，消费者足不出户便可以了解农产品的相关信息并进行购买。与线下销售农产品相比，通过电商渠道销售农产品的优势主要表现在以下三个方面。

1. 节约成本

将销售农产品的工作内容搬到线上，再进行网络化的管理、推广和销售，能够节省人力销售的成本，也拓宽了农产品销售的渠道，提高了农产品销售的效率。

2. 打破时间与空间的限制

通过电商渠道销售农产品能够打破交易的时间限制，网店可以做到 24 小时营业。对于不易保存的农产品来说，这无疑为其争取了更多销售机会；对于消费者来说，更容易吸引白天没有时间购买农产品的消费者，比如，下班很晚但是第二天早上需要新鲜蔬菜的人。

此外，通过电商渠道销售农产品也打破了交易的空间限制。实体售卖农产品时，客源范围是有限的，而网店的交易空间却很广。

3. 更容易鼓励消费者冲动购买

相比实体店铺而言，网店的广告更具有冲击力。而且通过电商渠道销售农产品时，农产品经营者还可以利用一些策略，例如，显示倒计时或者显示产品剩余数量等，鼓励消费者购买农产品。

## 4. 快速扩大业务规模

当网店的发展势头良好，农产品经营者想扩大业务规模时，其产品投入、广告投入的速度都要比实体店铺快得多。因为农产品经营者不必扩建或者另寻实体店铺，也不必再次进行装修，只需要在网店推出新的农产品，并加大宣传力度即可。

## 5. 营销方式多样

互联网的发展使得电商的营销方式不断增加，短视频推广、微信推广、微博推广、自媒体推广等拓宽了消费者接受信息的渠道，也变革了消费者的消费模式。

讲完了通过电商渠道销售农产品，下面来介绍线上销售平台的种类。

首先来看综合类销售平台。这类平台的突出特点为客源多，覆盖种类全面。知名的综合类销售平台有淘宝、天猫与京东等。下面来看这三个综合类的销售平台的对比情况，如表8-1所示。

表8-1 综合类销售平台的对比情况

|  | 淘宝 | 京东 | 天猫 |
|---|---|---|---|
| 优点 | 1. 品牌实力强，流量大<br>2. 入门门槛低<br>3. 财力雄厚，技术与基础建设完善 | 1. 自营商品有厂商返利<br>2. 可以通过货款账期获利<br>3. 供货商可议价 | 1. 规模大<br>2. 商品种类多<br>3. 流量大<br>4. 知名度高<br>5. 有阿里巴巴各方面的支持 |
| 缺点 | 1. 存在刷单类的负面评价<br>2. 卖家数量众多，竞争激烈<br>3. 推广成本和运营成本相对高<br>4. 缺少透明的评价体系，售后服务得不到彻底保障 | 1. 商品种类不够多<br>2. 入驻商家数量低于天猫<br>3. 毛利率较低<br>4. 没有其他领域业务支持 | 1. 准入门槛高<br>2. 推广成本高<br>3. 平台有扣点 |

其次来看直播类销售平台。直播是电商平台的重要引流手段。各行各业与其结合而成的"直播+"模式，是一种重要的商业模式。比较热门的直播类销售平台有淘宝直播、抖音直播等。下面来看这两个直播类的销售平台的对比情况，如表8-2所示。

表8-2　直播类销售平台的对比情况

| | 淘宝直播 | 抖音直播 |
|---|---|---|
| 优点 | 1. 购买转化率高<br>2. 平台自身流量大，利润空间大<br>3. 有其他平台支撑，相对配套建设完善 | 1. 平台流量大，受众广<br>2. 网红达人带货能力强<br>3. 只需要支付广告费用 |
| 缺点 | 1. 聘请主播成本高<br>2. 付费引流费用多<br>3. 有准入门槛 | 1. 准入门槛高，暂开放达人邀请制<br>2. 起步难<br>3. 平台运营能力弱 |

最后来看社交类电商平台。社交类电商平台迎合当下的分享经济趋势。消费者通过发起"拼团""帮砍"这类的活动，能享有高额优惠，以低价买到好货。比较热门的社交类电商平台有拼多多、小红书等。下面来看这两个社交类的销售平台的对比情况，如表8-3所示。

表8-3　社交类销售平台的对比情况

| | 拼多多 | 小红书 |
|---|---|---|
| 优点 | 1. 团购价格低<br>2. 产品供应商靠谱<br>3. 平台能够自动帮助消费者筛选产品<br>4. 活动火爆，价格优势明显 | 1. 主打通过用户分享商品体验，口碑好<br>2. 无营销、流量和资源位等费用<br>3. 入驻品牌与明星数量多，平台流量大 |
| 缺点 | 1. 有负面新闻，影响口碑<br>2. 开店需要2000保证金<br>3. 处罚规则严苛 | 1. 准入门槛高，非企业不能入驻<br>2. 对商品的质量审核较严 |

农产品经营者可以根据各平台的优缺点，结合自身情况来选择合适的电商平台。这个选择过程是灵活的，农产品经营者可组合选择。

### 8.1.2 日常运营：六大环节来引流

运营是能否做好农村电商工作的关键。因为运营环节是农村电商运作流程的"大脑"。它负责将农产品、销售渠道、宣传途径等内部资源由上到下地进行整合，之后计划、组织并跟进相关运营事务，进而把握全局，综合统筹，引导农村电商工作方向。

运营环节的工作涉及很多方面，不仅需要对农产品和网店进行合理安排，还要与其他环节配合，确保电商工作的顺利运行。一般来说，农村电商运营环节的工作主要包括以下几项，如图 8-1 所示。

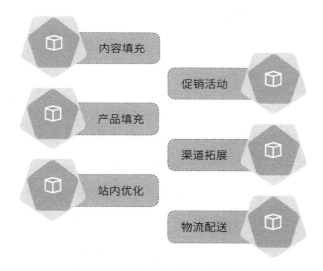

图 8-1　农村电商运营环节的工作

运营的本质目的是为了吸引客户，增加客户流量。对农村电商行业来说，有了流量也就有了用户，有了用户也就有了消费者，也就能够实现盈利的目的。每个运营环节都具备引流功能，下面具体来看一下。

### 1. 内容填充引流

在该环节，农村电商运营者需要负责农村电商团队官网的内容建设、组织和运营，以及制定运营制度与流程，设计年、月、季的战略目标与执行方案。

在此环节要想达成引流目的，农村电商运营者需要充分了解自身电商团队掌握的资源，与团队整体配合，根据当地实际情况策划商讨短期与长期的引流方案。

### 2. 产品填充引流

在该环节，农村电商运营者需要做到：提出产品的更新计划，对市场调研、农产品上线、尾货及季末销售等环节制订详细的计划并实施；对农产品上架的计划、图片拍摄等细节要做好规划；对农产品销售情况要进行预估，据此制订可控的库存管理方案。

在此环节要想达成引流目的，农村电商运营者可以对网店的客户进行分类管理，形成包括会员积分、会员等级、会员维护、会员卡服务等为一体的会员体系，并定期举行线上会员活动等。

### 3. 站内优化引流

在该环节，农村电商运营者需要使用可以提升线上客户体验的新技术，不断优化网店页面及交互功能，定期优化官网效果，以提高客户的使用体验。客户的使用体验增加，电商团队的口碑就会增加。当客户对团队有足够高的好感度时，便会自发为电商团队宣传，引流的目的也就达到了。

### 4. 促销活动引流

在该环节，农村电商运营者需要组织各种促销活动来增加销售量，例如，满 50 元送新鲜果切、购买会员卡送应季水果等。

在此环节要想达成引流目的，农村电商运营者可以关注线上平台各大购物节并与之配合，开展促销活动；还需要关注市场和行业动向，收集有关信息，分析竞争对手的促销活动，并结合自身优势提供有效的应对方案。

### 5. 渠道拓展引流

在该环节，农村电商运营者需要积极开展与其他线上、线下平台的合作。通过分销、联营、线上线下联动等方式来达到引流的目的。比如，若某地区盛产药材，就可以同与药材有关的人气电视剧联名，植入广告。

### 6. 物流配送引流

在该环节，农村电商运营者需要与不同的物流公司洽谈以确定合作的物流公司，并策划效率最高的物流配送体系。

在此环节要想达成引流目的，农村电商运营者可以从订单受理、财务确认、库房打包、配送发货、物流跟踪、客户验收、客户回访等环节与各相关小组紧密协作，结合客户的反馈信息不断优化订购处理流程，注重客户的购买体验，对此过程中出现的问题进行优化。当客户对服务满意后，就有极大可能成为回头客，引流的目的也就达到了。

运营工作的重点就是把握全局，综合统筹，以敏锐的目光分析市场及农村电商团队的发展，并以此为基础制定合理的制度及发展规划。在此过程中，农村电商运营者需要注重团队之间的配合，还要定期进行各种工作的汇总及进行市场调研，为农村电商团队的下一步发展奠定坚实的基础。

### 8.1.3　销售技巧：好故事才能刺激消费

刘某是新疆乌恰县黑孜苇乡的一名农民。他知道依靠几亩薄田根本无法发家致富，于是他决定自主创业。乌恰县三面高山环绕，自然资源异常丰厚，经过研究，刘某决定售卖野生农产品。

后刘某与朋友带上方块糖、茶叶等礼物，辗转到山里的牧民家收购野蘑菇等野生农产品。当地牧民见野生农产品可以卖钱，便纷纷开始收集更多的野生农产品。

刘某将这些农产品推销到城市的时候，最常用的推销用语是："我卖的不是产品，是健康。"当顾客问他是什么意思的时候，刘某便会把这些山货的由来及生长故事告知顾客，还与顾客讲了常食用野生农产品的当地人如何长寿、如何健康的故事。城市顾客见惯了各种污染，自然而然地被这种纯天然无污染的野生农产品吸引了，进而选择购买刘某的产品。

这就是故事的力量。事实上，野生农产品与人工种植的农产品营养价值相差不大，但刘某精准抓住了城市顾客渴望自然与健康的心理，利用"健康故事"刺激了顾客的购买欲。

市面上的农产品大同小异，同质化非常严重。此时，打造具有独特卖点的农产品就是一种必然趋势。而培养讲故事的能力，满足客户听故事的需求便是打造具有独特卖点的农产品的一种途径。这种方法不但能将自己的观点和建议巧妙地传达给客户，还能引起客户的共鸣，使客户发自内心地升起购买的欲望。

农村电商团队可以从如下几个角度来讲述农产品的故事,打造其独特卖点:

（1）健康角度。比如,无农药无公害、野生健康食品、长寿老人都爱吃等。

（2）生产者角度。比如,退伍军人亲自种植、幕后种植辛苦程度等。

（3）口感角度。比如,果冻盛、玫瑰葡萄等。

（4）口碑角度。比如,顾客的好评、回头客的评价等。

（5）价格角度。比如,限时特价、疯狂折扣等。

将一个好故事搬上线上宣传平台,能够迅速吸引顾客,使农产品在同类产品中脱颖而出。讲故事的能力是农村电商经营者必须习得的能力。

但有一点要注意,由于线上平台的特殊性,经营者无法直接和消费者沟通。因此经营者要将故事与产品卖点体现在产品宣传图和商品名中,如图 8-2 所示。

胡萝卜干粒500g 农家干货干菜
绿色土特产脱水蔬菜 两份包邮

图 8-2　将故事与产品卖点放在宣传图吸引顾客

### 8.1.4 文案设计：好文案对农产品的重要性

通过文字描述内容，让客户感知产品，是农村电商团队运营过程中必不可少的环节。这个环节也是丰富农产品内涵的过程。举例来说，同样都是售卖羊肉产品，A 文案是："鲜美羊肉，放心食用。"B 文案是："你永远都无法叫醒一个装睡的人，但是羊肉火锅可以。"，如图 8-3 所示。

图 8-3　羊肉产品宣传文案

两个文案的重点都在羊肉的鲜美上，但 A 文案过于平淡直白，无法令人产生联想，而 B 文案能让人联想到羊肉的香气和好滋味，勾起人们迫切食用的心情。结果当然是 B 文案带来的销量更多，并且还带动了各种相关火锅食材的销量，这就是一个优质文案的作用。

那么，农村电商团队应如何设计出优质文案呢？答案是抓住客户的五感。

农产品的特征可以分为营养价值、外观、种植成本等。但普通客户看到农产品时，不会说："它的成本是多少""原料是什么"等，只会说"颜色好诱人""闻起来好香"等。

所以，客户对农产品的评价更多是从自己的主观感受出发的。

只要客户感觉好，就会忍不住购买。至于这个农产品成本多少，生产者付出多少心血去种植，客户很少会在乎。

因此，大部分农村电商团队都喜欢从消费者的角度去考虑农产品的文案设计。对此，农村电商团队可以选择抓住客户的"五感"，即视觉、听觉、嗅觉、味觉、触觉去设计农产品文案，让客户更好地感知农产品的特点，引起客户的共鸣，进而促使其为农产品买单。

### 8.1.5  客服服务：客服也是优质农产品的一环

客服的主要工作是为客户提供解答和售后等服务。为了展示客服在售前、售中、售后各主要阶段的任务，本节专门为大家总结了客服详细的工作流程，如图8-4所示。

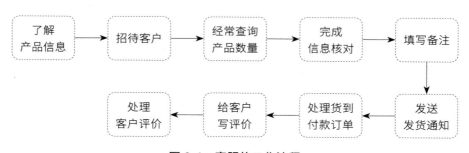

图 8-4  客服的工作流程

1. 了解农产品信息

客户咨询的大多数问题都与农产品有关，如果客服连自家的农产品都不了解，就无法为客户提供服务。因此，客服首先要做的就是熟悉农产品。对客服来说，农产品的特点、营养价值、食用注意事项等要做到信手拈来，这样才能顺畅解答客户提出的各种关于农产品的问题。

## 2. 招待客户

客服招待客户有两种方式，一种是利用阿里旺旺等即时通讯工具和客户进行沟通；另外一种是通过电话与客户进行沟通。如果是接听客户的电话，客服需要具有更强的灵活性和变通性，因为电话沟通没有足够的时间进行思考。

## 3. 经常查询农产品库存

有时候，客服会在招待客户的过程中发现，客户看上的某款农产品已经没有库存了，这就会导致订单损失或者延迟发货的情况，最终影响电商团队的口碑。因此，客服应该经常查询农产品的实际库存是否充足。

如果发现库存不足的情况，要及时补货，而不是等到库存为零时再处理。此外，因为页面上的库存和实际的库存是有出入的，所以客服需要到网店管家中查看农产品的实际库存，这样才不会出现缺货发不了订单的情况。

## 4. 完成信息核对

有些客户经常帮朋友买礼物，这时就需要填写朋友的地址以及电话。然而一些粗心的客户会忘记这件事，默认为自己原来使用的收件信息，待收到货时，其又会要求转寄，但很多农产品保存时间有限，这会给客户和电商团队都带来麻烦。因此，在客户付款之后，客服需要与客户核对一下收件信息。

在核对信息的同时，客服还要向客户表明网店支持的快递公司有哪些，然后让客户自己选择。如果客户没有明确表示，再通过默认的快递公司将农产品寄出去。

### 5. 填写备注

如果订单信息是正确无误而且没有在备注中做特别说明的，客服就可以省去这一部分工作。但如果订单信息发生变动，客服就有责任和义务将变动反馈出来。只有这样，负责后续工作的客服才能知道订单信息有变，从而做出相应措施。

### 6. 发送发货通知

调查发现，很大一部分客户在网购过程中都非常关注物流问题。客服如果在农产品发出去之后，用阿里旺旺或者短信给客户发条信息，告诉客户农产品已经发出，就可以增加客户对网店的好感。对于下单但还未付款的客户，客服可以通过阿里旺旺告诉客户，马上就要到截单时间了，如果现在付款当天就可以发货。

### 7. 处理货到付款订单

一般来说，用支付宝付款比货到付款更便宜。但是很多客户没有注意到这一问题，所以在购物时选择了货到付款。在这种情况下，客户收到农产品时，发现需要支付的价格比网店上标明的价格高一些，就很可能认为自己受到了欺骗，而选择拒收或者给差评。此举会给网店的信誉和形象带来损失。

因此，客服在看到货到付款的订单后需要立即联系客户，告知其货到付款的具体情况。如果客户依然选择货到付款，那么就可以继续进行后续工作，否则就需要让客户重新下单。

### 8.给客户写评价

在交易结束之后，客服需要给客户写评价。在评价客户的过程中，客服可以适当推荐网店，这相当于给网店做了一次免费的广告。

### 9.处理客户评价

若客户给予好评，客服需要表示感谢；若客户给予中评，客服需要表示歉意。经营过程中收到中评是非常常见的，这时客服不能抱怨泄气，而是要解决问题，争取让客户更改评价；若客户给予差评，客服则需要保持友好态度，耐心解决客户的问题。

客户之所以给出差评，除了职业差评师以外，一般都是因为农产品出现重大问题，包括农产品在运输过程中出现损坏、农产品质量差、与产品描述不符等。此时，客服除了保持友好态度以外，还应该针对客户的问题给出解决方案。

可以说，提升客服的服务水平是促进农村电商团队发展的要点之一。只有客服提供的服务让客户满意，电商团队的生意才能蒸蒸日上。因此，农村电商团队要加强对客服的培训和管理。

## 8.1.6　制度管理：制度是农村电商团队运作的基石

农村电商团队的员工以农民居多，而农民的综合素质相对偏低。但员工却是决定乡村电商团队发展的关键因素。那么，如何让这些员工做出不平凡的业绩呢？

最好的方法就是实现标准化，做到有据可依，分清最优。优秀的电商团队会尽可能地将管理和运营过程进行标准化，用制度去管理团队。

标准化的工作制度通常建立在对工作的每一个环节进行深入研究的基础上。标准化制度可以有效避免员工反复"交学费",防止员工因为个人经验、能力、悟性等各方面不足而给团队造成损失。若员工在工作时事事有据可依,其工作失误率可以在很大程度上减少,业绩也会更加稳定。

而制定团队制度是一项复杂的工作,其涉及面广、专业性强、综合要求高。因此,在设置农村电商团队的制度时,团队管理者要重点关注容易出现问题的环节,找准制度设置的切入点和着力点,提升制度的有效性,还要有计划、有步骤地设置制度,突出制度重点。

作为管理者,在设置制度时一定要注意以下几点问题。

1. 抓住重点问题,切忌舍本逐末

在设置制度时,最忌讳的一点就是列举许多无关紧要的内容,这会严重削弱制度重点内容的影响力。比如,某项制度针对的是将农产品打包发货的要求,制度中却大篇幅地解说农产品的质量和特色,这是没有必要的。管理者要做的就是把打包发货的标准列出来并将其公布,无须在制度中多言。

2. 制度要简明扼要,而不要啰嗦

制度的出台是为了让员工遵守和执行,如果制度条文太啰嗦,反而容易让员工误解。

3. 制度内容要具体,而不要笼统

制度内容具体详细,才能减少执行过程的偏差。具体详细指的是要在制度中明确表明农村电商团队希望员工怎样做，做到什么程度，如果员工做不到，会有怎样的处罚等。

因此，制度要包含两方面内容：一方面是员工应该怎样做，另一方面是违反了会受到怎样的处罚。但很多团队的制度中只有第一点，没有第二点。即便有第二点，也不够明确。

农村电商团队的管理者在制定团队制度时，必须简明扼要地根据相关问题去制定简洁明确的制度。此外，管理者还要立足全局，加强整体规划，及时做好制度的清理、修订和完善工作，努力使各项制度彼此衔接、环环相扣、相互协调，充分发挥整体效能。

### 8.1.7 流程管理：流程化管理是乡村电商团队的成功秘诀

流程化管理是乡村电商团队顺利发展的秘诀。部分人认为乡村电商团队的管理依靠日常运营和制度就可以，但这些只是其运作的基础。由于农村电商团队的员工素质相对偏低，很多制度在团队内部只是纸上谈兵，无法有效地执行，员工在工作中依然我行我素。

制度是管理员工的，但却不保证事情可以按时按质完成，而流程化管理才可以确保事情顺利完成。下面讲解农村电商团队实现流程化管理的方法。

乡村电商团队的流程化管理主要包括流程制定、流程执行、流程评估和流程改进四个部分。农村电商团队要想做好流程化管理，就必须足够重视这四个部分。

1. 流程制定

在流程制定过程中，农村电商团队首先要明确流程制定的目的。

制定业务流程的目的包括管理稳定、规范运作、控制风险、实现业务目标等。乡村电商团队要在业务目标的指导下，分析风险并制定有利于管理稳定、规范运作和推动业务目标早日实现的流程。

其次，乡村电商团队要明确流程的层级类别。通常乡村电商团队的流程类别分为三类，分别是战略类流程，即促进乡村电商团队战略目标达成的流程；营运类流程，即指导各部门运作的流程；支持性流程，即提供支持和保障的流程。

最后，乡村电商团队在制定流程时，要保证各流程管理要素在流程内同步流动，包括工作任务、职责、目标、绩效指标、时间、资源、信息等要素。只有这几个流程管理要素同步流动，才能保证业务流程的高效运转。

### 2. 流程执行

业务流程需要通过执行才能发挥作用，执行的重点在于执行的效率和效果。效率是指在达成目标的过程中耗费的资源和所完成工作量的比例，效果是指目标的完成情况。乡村电商团队必须要保证业务流程被切实地贯彻执行。

### 3. 流程评估

评估是乡村电商团队对业务流程进行检验的机会。乡村电商团队要想完成有效的评估就必须建立有效的、公正公开的评估机制。

### 4. 流程改进

乡村电商团队必须认识到业务流程是可以随时更改的。乡村电商团队需要在执行和评估中不断改进流程，这是保持竞争力重要途径。改进业务流程必须注重创新和突破，只有这样，乡村电商团队才能紧跟时代步伐。

综上所述，乡村电商团队要想实现流程化管理，首先要逐一、仔细地分析各部门或各岗位的流程环节；其次要根据这些环节做出流程图并生成报告，通过会议讨论改进其疏漏；最后要在应用过程中不断检验，不断优化，最终打造出完善的流程化管理模式。

## 8.2　农村电商的成功要素

前文讲解了零基础入行农村电商的方法，接下来将从线上线下平台和人才角度，具体讲解一下如何利用好农村电商的成功要素，事半功倍地提升农村电商团队的发展效率。

### 8.2.1　线上线下配合发展

流量获取困难是农村电商团队面临的主要难题，若通过大量的广告宣传获取流量，无疑会增加农村电商团队运作的成本。因此获取线上流量来带动线下发展是非常有必要的。下面来看看浙江临安地区的农村电商团队的做法。

临安地区的电商团队的成功源于其利用线上平台获取流量。临安地区的电商团队打造了旅游、传媒、娱乐、生活、服务五位一体的微信公众号——微临安，定期在微信公众号上发布与产品相关的"干货"文章、发放各种福利以吸引流量。

此外，临安地区的电商团队还积极与其他微信公众号合作进行交互推广，以便实现精准引流。经过线上渠道的长期经营，临安地区的电商团队在保证低成本投入的前提下获得了更多的流量。临安地区的电商团队还通过打造淘宝知名店铺、运营微博账号、抖音账号等，打通了多条线上营销渠道，实现了多方引流。

线上的流量为临安线下地区带来了大量的商机，当地许多村民选择以电商渠道销售坚果、炒货类的农产品。而农产品包装上又印有线上公众号、淘宝店的二维码。此外，当地还在商场、电影院等地适量投入广告，进一步为线上平台引流。

这种线上、线下渠道相互配合的电商模式让临安形成了"两园多点"的局面，其中两园指的是临安区电子商务产业园与龙岗坚果炒货食品园，多点指的是多个农产品基地。依靠这种方式，当地迅速发展处多个农产品电商示范村，总销售金额超过5亿元。

### 8.2.2 人才要素的重要性

优秀的人才是农村电商团队发展的重要动力，农村电商团队要想获得更好的发展，就需要重视人才的作用，吸引更多人才进入农村电商团队并留住人才。

对于农村电商团队来说，招揽人才的根本动机是提升自身实力，以便在市场中获得更好发展。一般来说，适合农村电商行业的人才必须具备以下六项素质，如图8-5所示。

在以上六项素质中，学习能力和工作执行能力最为重要，行业敏锐度与创新能力、责任心和敬业度、协同合作能力次之。在迅速发展的互联网时代中，农村电商团队必须招揽一批拥有强学习能力和强工作执行能力的人才，才能适应这样的大趋势。

**图 8-5　农村电商人才必须具备的素质**

　　再者，电商行业中的新思维、新技术涌现速度非常快，这种情况要求农村电商团队招揽有较强行业敏锐度与创新能力的人才。同时，掌握专业知识和技能的人才也非常重要，这些人才熟知电商业务，能够带领农村电商团队快速、高效地发展。

　　此外，责任心和敬业度也是其必不可少的素质。农村电商行业发展不易，团队人才必须有足够的抗压能力，能够承担一定的责任，为其他农村电商团队的工作人员做好表率，带领团队向前。

　　最后，农村电商行业的人才还应具备注重协同合作的素质。在农村电商团队中，每个人的角色都不相同，并且都是缺一不可、无法替代的。协同合作能够使众人才的能力得到最大程度的发挥，产生"1+1>2"的效果。

　　总之，农村电商团队的管理者需要时刻关注市场动向，立足全局去思考人才的选择与调整。那么，介绍完了农村电商人才必须具备的素质，下一步就是招揽具备这些素质的人才并想办法将其留住。下面结合一个案例来看一下，如何留住人才。

作为我国知名的皮草城，浙江海宁始终紧跟时代步伐，大力发展农村电子商务。该地区十分重视对人才的培养和管理，该地区的农村电商团队也在这些人才的带领下不断向前发展，其具体做法如下。

## 1. 寻找人才

该地区的农村电商团队在寻找人才方面十分注重人才的专业性，并通过内部提拔和外部引进两种策略寻找人才。

首先，当该地区的农村电商团队内的职位出现空缺时，其首先会通过内部提拔的方式选拔人才。在选拔人才时，其并不关注人才的资历，而是以工作能力、技能专业性等选拔人才，使得本土专家和工作能力强、专业技能突出的外来人员的能力得以充分施展。

其次，该地区的农村电商团队会通过外部引进的方式不断向当地引进人才。在引进人才时，该地区的农村电商团队也会对人才进行严格的考核。

## 2. 留住人才

在寻找到人才之后，该地区的农村电商团队也做了多方面的努力来留住人才，以便让人才创造更大价值。

（1）打造团队文化

该地区的农村电商团队十分重视对团队文化的打造，并通过不断地讲解团队发展愿景、团队管理制度、团队坚持的价值观等宣传团队文化，同时会定期举办各种团建活动，以此增加人才的认同感和归属感。

（2）打造利益共同体

为了留住人才，该地区的农村电商团队将部分重要人才变为其合伙人，即除了为人才提供较高的薪酬外，还会将电商团队的年营收的 10% 作为奖励为这些人才发放奖金。电商团队收入越高，人才获得的奖励也就越多。这种将人才与农村电商团队打造成利益共同体的方式，促使了人才为农村电商团队的发展而奋斗。

3. 塑造人才

留住人才之后，该地区的农村电商团队也注重对人才的塑造，以便激发人才的潜能，发挥人才的价值。在塑造人才方面，其将培养落到实处，在人才培养方面投入了大量成本，并建立了完善的人才培养体系，以此不断提升人才的执行力、创造力。

浙江海宁地区的农村电商团队的成功离不开其人才管理的成功，其在人才管理方面的举措值得其他地区的农村电商团队学习。

第 9 章

# 新媒体带货，新时代的"致富捷径"

新媒体平台凭借流量大、入门门槛低等优势，逐渐成为乡村地区的热门销售方式。本章将从定位、内容输出和变现三个角度，详细讲解乡村地区利用新媒体平台带货的方法以及带货过程中的注意事项。

## 9.1 突出农业特色定位

乡村在利用新媒体平台带货时要精准把握产品的定位，将定位放在"农"上并通过对产品及粉丝的分析来获得流量。这样能够深化粉丝对于乡村的认知，也能够吸引更多的粉丝关注乡村。精准、独特的定位还能够提高粉丝的归属感。下面将从观众定位和垂直定位两个角度，具体介绍定位的方法以及定位的作用。

### 9.1.1 深挖需求受众

新媒体平台为无数乡村带来了商机，因此其间竞争也越来越激烈。乡村若想在日趋激烈的竞争中分得一席之地，高数量与高忠诚度的观众是关键。

新媒体平台面向的主体是观众，乡村要深挖观众需求并尽力在输出内容时满足观众的需求。那么如何能够找对观众并吸引他们呢？下面两点可供乡村进行参考。

#### 1. 分析自身背景

乡村自身背景主要包括乡村的产业状况、乡村的地域及资源优势、乡村的发展目标等。通过分析这些内容，乡村可以清楚地了解到自身优势，判断自身能吸引到的观众类型。

#### 2. 分析观众

乡村可以从目标观众、已有观众类型两个方面入手分析观众。

（1）目标观众。乡村所发布的内容决定了观众的类型，所有对乡村发布内容感兴趣的观众的都是目标观众。

（2）已有观众类型。乡村要分析已有观众群体的类型，准确分析观众类型对乡村维护观众和扩展观众规模都能起到重要作用。例如，同样是发布旅游内容的乡村，其观众类型的不同决定了其发展路径的不同。

乡村 A 的观众多为 18～22 岁的女生，这些女生向往该乡村的花田，因此该乡村在新媒体平台中发布的内容以花田美景、鲜花美容为主；乡村 B 的观众多为中老年群体，消费能力相对较高，因此该乡村发布的内容多为度假村体验、高档旅游产品推荐等。

乡村通过对自身背景和观众群体的分析，能够得出观众定位的方向。获得精准定位后，乡村便可以通过此定位有针对性地吸引观众、维护已有观众群体，这些观众群体能够节约乡村的维护成本，购买力也会强于零散的观众群体，为乡村带来更多收益。

## 9.1.2 发掘乡村特色视角

新媒体渠道能够高效、快速地带动乡村经济发展。但我国乡村数量众多，无数人争先恐后地利用这一渠道，甚至于出现市场饱和的情况。可打开任一平台搜索乡村相关内容，都会发现其中掺杂着大量质量平平、毫无特色的产品，而能赢得流量与收益的，始终是那些有着精品内容的知名账号。

这些知名账号发布的内容存在一个共性，就是拥有清晰的定位。比如网红李子柒，她的定位就是展示乡村生活，在她发布的内容里不可能存在咖啡品鉴、动漫赏析这类的视频。若出现以上内容，则会破坏她自身的定位，导致粉丝流失。

因此，在以新媒体带动乡村发展之前，首先要做好定位。因为一旦有了准确的定位，就如同在茫茫大海上航行的帆船有了灯塔的指引。而且清晰的目标也是新媒体带动乡村发展的动力。做定位共分四步，如图 9-1 所示。

### 1. 垂直定位

第一步是以内容为核心，充分挖掘地方特色，找到乡村自身的特征，再将这些独具特征的内容通过新媒体平台传输，最终精准地

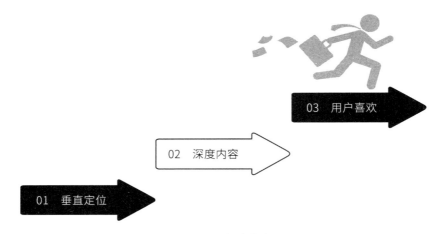

图 9-1　做定位的流程

传达给受众。比如乡村定位的是古镇生活，那么吸引来的就是好奇古镇人民如何生活的受众群体，发布的内容里就应尽量展示古镇日常生活。

　　乡村定位的精准性、垂直度越高，粉丝群众的精准度就约好，乡村获得精准流量的速度就越快。

2. 深度内容

　　第二步是在乡村定位做好的基础上，做深度内容。找到了乡村的特色资源后，应对其价值进行深挖。比如，某地的特产 A 爆红网络后，大量粉丝都对特产 A 有了兴趣，那么，特产 A 就拥有了商机。乡村要抓住此商机，将其变为乡村发展的机遇。比如，规模种植特产 A，开发特产 A 有关的商品，打造特产 A 种植旅游区等。

　　当特产 A 形成一种完整产业后，其就能变成乡村振兴的动力，助力乡村走上致富道路。

3. 用户喜欢

第三步是博得用户好感。当用户对乡村所发布的内容毫无兴趣时，此定位就是失败的。博得用户好感的方法是建立用户画像并投入使用。

乡村应分析并收集粉丝的综合信息，明确粉丝真正想要的是什么以及为何被吸引，进而针对性地发布或改进相关内容。

特色是风格，也是竞争力。乡村想要以新媒体途径带动自身发展，就一定要拥有高亮度的特色和精准的定位。但挖掘地方的特色必须从全面的角度出发，既要探索商机，分析市场需求，又要确保其可行性，才能让乡村特色助推其走上发展道路。

## 9.2 规划内容，输出高价值干货

在新媒体平台输出内容的最终目的是推销农产品并获得利润。为了更好地达到此目标，乡村需要规划好输出内容。这就需要乡村掌握内容输出的要旨，同时为所输出内容制定好定位，即以农产品和乡村文化为出发点，向观众输出和乡村有关的干货内容。

### 9.2.1 展示乡村风貌

乡村的内容输出是乡村的价值所在，规划所输出内容是以新媒体带动乡村发展的前提。乡村在新媒体平台输出的内容一定是要有价值的，并且要让观众感受到乡村的价值。

乡村的内容输出对于乡村的发展十分重要，是决定乡村发展速度的重要因素。所以在规划在新媒体平台输出的内容之前，乡村首先要明确输出的方向和关键内容。乡村可以从以下几方面入手，确定输出的核心内容，如图 9-2 所示。

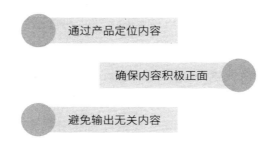

图 9-2　如何把握乡村输出的核心内容

（1）通过产品定位内容

乡村需要根据自己所推销的产品类型确定其在新媒体平台上输出的核心内容。例如，对于宣传旅游业的乡村而言，其输出的核心内容必须要围绕乡风、景区展开。乡村的输出内容可以是景区人民的生活、景区美食、景区旅游产品测评和旅游体验分享等。比如，通过直播方式展示农村发展的情况，将具体的农业生产过程呈现给观众，让观众感受农业生产活动的趣味与特色，满足其对乡村生活的好奇心。

乡村输出内容的核心必须是固定的。观众是乡村所销售的产品的受众，乡村根据产品确定乡村的输出内容能够很好地切合观众的需求，吸引更多的观众进入到关注乡村。

（2）确保内容积极正面

乡村向观众输出的内容必须是积极正面的，这样的内容更受观众的欢迎且能持续吸引观众。例如，某村主要推销纯天然食品，其向观众输出的内容却以转基因食品的危害、农药的危害为主。这些消极的内容无法长期吸引观众，调动观众的积极性。

（3）避免输出无关内容

若想以新媒体带动乡村发展，乡村就要保证持续输出内容，不断地吸引观众持续关注乡村。保证持续内容输出并不容易，但乡村也要注意，不能为了保持持续输出就在新媒体平台上发布与定位产品无关的内容。

观众关注乡村是因为其对乡村所销售的产品有需求，对与产品有关的知识感兴趣。对于观众而言，与产品、乡村相关的内容才是有价值的。如果乡村输出的内容与产品无关，就会使观众对乡村的价值产生怀疑，甚至导致已经成为粉丝的观众出现脱粉行为。

通过直播、短视频等新媒体渠道，观众能够知晓农业生产过程的艰辛，因而产生购买农产品的欲望。同时，网络平台使农产品的销售渠道得以拓宽，农村直播也让观众感受到各村落的魅力，旅游产业因而能够得到发展。此外，由于内容是连续输出且真实有效的，观众对农产品和乡村的信任度也会提升，其消费时的安全感能够得到保障，消费力度也会上涨。

这就是新媒体平台带给农村的益处。因此，乡村要以产品为中心规划好在新媒体平台上输出的内容并把握好内容输出的方向，保证所输出内容有价值，能够展现乡村风貌，还原乡村生活。只有这样，乡村才能够通过新媒体平台推动乡村振兴的进程。

## 9.2.2 介绍特色农产品

乡村在新媒体平台展示农产品前做好功课，有利于激发消费者的好奇心与消费热情。下面来说说具体的展示方法。

为了更好地了解农产品的优缺点，乡村可以通过向种植者、育种者询问，与其他同类农产品对比等方式，多方面了解其优缺点。同时，乡村还要区分农产品的哪些缺点是由于农产品本身的不足导致的，哪些缺点是这一类农产品所固有的。

其次，在明确农产品优缺点的基础上，乡村还要掌握弥补农产品缺点的方法。例如，这种草莓果实小，乡村就可以将这种草莓宣传成"一口一个，摘蒂即吃"。

乡村需要重点展示农产品的优点，同时也应展示农产品的缺点，如果乡村对农产品的缺点避而不谈，那么就容易引起消费者的抱怨，这也会使乡村失去消费者的信赖。

此外，乡村在展示农产品时，必须要抓住消费者的需求，重点介绍消费者想要了解的内容。以中高档农产品为例，在介绍此类农产品时，乡村可以重点介绍以下几个方面，这些都是消费者需求的重点内容，如图 9-3 所示。

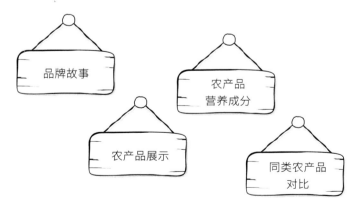

**图 9-3　介绍农产品的重点内容**

（1）品牌故事

中高档农产品本身已经有了品牌基础。乡村可以和消费者分享品牌创立及其发展过程中有意义的事件，分享一些经典的品牌故事。这些能够体现出品牌的理念，加强消费者对品牌的认知。

（2）农产品营养成分

近几年来，消费者对农产品营养成分的关注度越来越高，越来越关心农产品的营养成分究竟有什么，对身体的益处等。同时，他们也会愿意为含有某种成分的农产品买单，如含碘量丰富的富碘米等。

故而乡村在介绍农产品时需要详细讲明农产品的营养成分并讲明其所含营养成分的功效等。

（3）农产品展示

乡村在进行农产品展示时，可以围绕农产品讲解多方面的知识，比如，介绍农产品的包装设计特点以及设计的优势；对于水果类的农产品，乡村可以请真人现场试吃，通过真人分享试吃感受，让消费者明确地了解农产品的食用感觉。

（4）同类农产品对比

乡村可选择一些类型农产品，分析其与自身产品的不同之处，从而对比出自身农产品的优势。

只有从消费者的需求出发，让消费者充分地了解农产品的优势，才能够激发消费者的购物热情，从而提高农产品的销量。

### 9.2.3 搭配福利与干货

在确定了在新媒体平台输出内容的方向后，乡村也要保证所输出内容的价值。那么，什么样的内容才称得上有价值？对于观众而言，乡村在输出内容时发放的各种福利以及发布的各种与产品有关的知识都具有价值，概括一下就是福利与干货两个方面。

1. 福利内容

合理发布福利内容能够大大提升观众的满意度。当观众如果不用付出金钱就能得到好处时，乡村和产品在其心目中的好感能得到很大程度的提升。

比如，三只松鼠品牌在直播售卖坚果类零食时，会让主播宣传买坚果赠送开果器这类的信息，帮客户解决吃零食时的卫生问题，还会告知观众，在直播间下单赠有限时优惠。这些内容让零食销量一举大增。这就是福利内容的力量。发布福利内容有四个注意事项：

（1）福利内容应具有促进主产品销售的作用

福利内容最主要的用途就是促进主产品的销售。因此，乡村在制定福利内容时，应满足让观众看到福利内容，就能被激发出消费欲望的原则。比如在直播时抛出限时折扣的优惠，错过优惠时间段恢复原价。

（2）福利内容要与产品用途相关

观众购买某一产品，就必定有其具体的用途。因此乡村在制定福利内容时，应当注重其与产品用途的关联性。如此便能让福利内容发挥其作用，迎合观众的需求。比如，买蜂蜜赠送勺子，买茶叶赠送紫砂壶等。

（3）福利内容要符合产品定位

乡村所制定的福利内容需要与产品的定位相符，这样可以能为产品加分。比如，一款红枣的定位是补气益血，那么在制定福利内容时，也应当与滋补身体相关。

（4）合理控制福利内容的成本

制定福利内容还需要考虑成本问题。福利内容的数量、用途、预计效果等因素都影响着成本。如果福利内容的引流效果好，但是其成本过高，就会在整体上影响产品的利润，毕竟乡村制定福利内容的目的是促进销售，最终获得丰厚的利润。比如，在宣传旅游业时，乡村若赠送价格昂贵的机票，就有可能导致亏损。因此制定福利内容必须要合理控制其成本。

合理输出福利内容能够有效提高观众对乡村的黏性，让乡村得到更好的发展。

## 2. 干货内容

乡村在新媒体平台发布干货内容时，需要以产品为中心，同时也要满足观众的需求。例如，乡村所推销的产品是柴鸡蛋，那么就可以输出一些营养价值科普、食谱方面的干货内容给观众。

观众关注乡村在新媒体平台上输出的内容是希望能够从中获得福利、学到知识，乡村必须满足观众的这些需求才能获得利润。富含价值的内容能够使观众意识到乡村的价值，进而愿意为其付费，乡村便能从中获益，最终推动乡村振兴的进程。

### 9.2.4 融合新媒体"4A"优势

在如今的新媒体时代中，人们已习惯借助新媒体平台获取信息并进行娱乐。新媒体平台能够为广大用户排遣精神方面的空虚并带来享受，它拥有庞大的用户群体与强大的变现基础。

新媒体时代带来的种种商机带动着社会各行各业的发展，农业自然也不例外。它为乡村的发展注入了新鲜血液，乡村各产业利用新媒体平台做广告宣传，众多急需发展机会的乡村寻求与新媒体的融合，希望以此来获得更多的发展机会。各种"新媒体+三农"的发展形式不断涌现，成了乡村发展的流行趋势。

因此乡村必须及时抓住机会，迎合"互联网+"农业的时代风向，利用新媒体平台和互联网技术发展三农产业并振兴乡村。

对于乡村振兴，新媒体平台具有三方面的优势，分别为参与感、获得感和认同感。

首先来看参与感。新媒体平台具有"4A"优势，如图9-4所示。

图 9-4　新媒体平台的"4A"优势

借助这四项优势，全体农民可以在任何时间使用手机这类的智能设备，让自身参与到新媒体平台的宣传环节中，将农业生产活动、乡村日常生活、自然风光等内容通过直播、短视频等手段展示给观众。手机成为农民的新"农具"，农民也会有高度的参与感。

其次来看获得感。农民向观众展示农业生产活动、乡村日常生活等内容时，等同于同时向观众介绍、宣传产品。这种介绍与宣传的过程能够使观众迅速地认同有关产品，消费率也会随之增加，农民可以获得切实利益，获得感也就会大幅提升。此外，由于新媒体平台具有交互性，在此展示过程中，来自观众的认可能够帮助农民增加心理上的愉悦感和自豪感。

最后来看认同感。当观众认同乡村与农民、农产品，农民获得收益，其对于新媒体平台以及自身事业的认同感就会强烈提升，其从事农业生产的积极性就会提高，农产品的质量也会随之提升，因而收到的认可也会增加，如此形成一种良性循环。

新媒体平台能够在产业、生态、经济等方面为乡村振兴提供动力。它成为大量返乡创业的新农人的发展手段，诸如华农兄弟、乡野小静、李子柒等乡村网络红人借助新媒体平台，向观众展示了优美、趣味的乡村生活，受到了大量观众认可并获得了可观的经济收益。部分乡村网络红人在成功塑造个人品牌后，利用个人品牌的影响力带动当地的产业发展，使个人与乡村共同前进。

未来乡村振兴事业离不开新媒体平台，因此乡村要利用好新媒体平台，输出有价值的干货并将其变现，紧跟新媒体发展的趋势，持续振兴乡村。

## 9.3 搭建商业闭环，提升变现能力

商业闭环指的是商业流程中的各模块形成完整的循环对接，在

这种模式下，每一个环节的主体都可以往复获利。本章将介绍两个农产品变现并形成商业闭环的案例，帮助农产品经营者了解如何通过新媒体卖货并构建商业闭环的方法。

### 9.3.1　乡野小静：直播带火乡村美食

随着返乡创业的热潮，越来越多的年轻人选择从城市回归乡村，与家乡村民一起投身于振兴家乡的事业中。而直播带货这种方式既能展示家乡美景、美食以及特色产品，还能够带来经济价值。因此大量乡村人士选择这种方式来提高收入，振兴乡村。

直播带货作为当下最火爆的销售模式之一，不仅是通过直播销售产品。它的本质是人与人的信任与交互。直播带货有着极强的互动性。消费者在观看直播时可以实时和主播进行交流，询问主播关于产品的问题，从而更加全面地了解产品，明确自己对产品是否存在需求。

直播带货的交互双方是主播和消费者，其火爆是交互双方共同努力的结果，其本质是人与人的信任与交互。主播与消费者之间的信任并不是天然存在的。主播需要在推荐产品前严格选品，在推荐产品时如实介绍并为消费者提供售后方面的服务，通过方方面面培养消费者对自己的信任。一旦主播培养起消费者对自己的信任，其带货效率就能够大幅度提升。

随着直播带货的发展，越来越多的商家参与其中。同时，诸如快手、抖音等社交软件都纷纷开通了直播功能并积极吸引主播入驻。在各方努力下，直播带货的营销闭环也逐渐形成了。

直播带货的营销闭环包括三个环节：主播推荐、消费者购买和厂家生产，如图9-5所示。下面结合主播"乡野小静"的案例来具体看一下这三个环节。

图 9-5　直播带货的营销闭环

　　"乡野小静"原名张静，曾在城市就职销售工作。一次偶然，张静在社交媒体上看到了有人发布乡村美食视频。她联想到自己家乡并在假期返乡后，也拍摄了家乡美食的视频并上传到社交媒体上。这些食品于一周时间内收获了几万次点赞，还有网友向张静询问食材购买渠道。

　　压力过大的城市生活加上爆火的短视频启发了张静，她从城市辞职后返回家乡，专心拍摄短视频。张静在抖音平台记录了诸如糖蒸肉、神仙豆腐、桑叶饺子这类带有浓郁农家特色的美食，同时通过直播向粉丝推荐并售卖家乡土特产。

　　这就是直播带货营销闭环的第一个环节。此环节由厂家生产出新产品，将这批产品交给主播进行直播销售。主播在直播中向消费者推荐产品，吸引消费者购买产品。此案例中的"厂家"厂家为当地村民和大自然。

　　通过做美食短视频加直播带货的方式，她成为一名网红美食主播。后来张静还参加过当地的多场直播带货活动。直播最火爆时，张静的直播间同时在线人数超过 5 万名，在 2 小时内成交超 2000 单。

　　这个过程的粉丝购买就是直播带货营销闭环的第二个环节。主播会在直播中向消费者讲明产品的优势和卖点，吸引消费者下单。

大多数情况下，由于是厂家直接供货，产品的性价比非常高，能够刺激消费者购买产品。

除此之外，厂家生产是直播带货营销闭环的最后一个环节。当消费者购买了主播所推荐的产品后，厂家就能获得利润。此后厂家会继续生产这些产品，再交由主播继续进行销售，如此循环获利。

直播带货营销闭环的三个环节相互促进、影响，若其中一个环节出现了问题，其他环节也无法进行。

这三个环节中的每一个主体都会通过直播带货的营销闭环获益：对于主播而言，由于是厂家直接供货，能够以更低的价格获得产品、以更低的价格将产品销售出去，这为主播的直播带货提升了竞争力；对于消费者而言，主播所推销的产品价格更低，购买产品能够获得更多的实惠；对于厂家而言，通过主播的直播带货能够降低销售成本、提高销售效率，获得更多的收益。

总之，直播带货能够建立营销闭环，提高产品的销售效率，这种销售模式对于主播、消费者、厂家三方都十分有益。乡村在选择这种方式创造经济价值时，应注重农产品的质量和主播的选择，以及为消费者提供高质量的售后保障。

### 9.3.2　巧妇9妹：短视频促农产品变现

任何一种商业模式都要找到一种变现模式，才能存活下去。而对于交通相对不发达的乡村地区来说，"电商 + 短视频"无疑是一种高效的变现模式。下面结合"巧妇9妹"的案例来具体看一下。

"巧妇9妹"原名甘有琴，是广西壮族自治区的一名普通农村妇女。其于2017年5月开始短视频创作，以短视频的模式展示乡村风土人情、特产食品等内容。由于其视频内容与主题突出、情感真挚，迅速走红网络。

后甘有琴通过"电商 + 短视频"带货方式，帮助家乡销售农产品，带领当地人民脱贫致富。甘有琴的成功，离不开"电商 + 短视频"带货的营销闭环的功劳，如图 9-6 所示。

图 9-6 "电商 + 短视频"带货的营销闭环

### 1. 存量找增量

此营销闭环的第一环节是存量找增量。存量指的是已有粉丝，增量则指的是新粉丝、新商机等。传统营销模式下，很多顾客不会成为农产品的回头客，成交以后不会与农产品经营者再有联系。而在"电商 + 短视频"带货的模式下，顾客本身就是短视频账户的忠实粉丝，会持续关注短视频账户，若觉得有兴趣，还会自发向身边人推荐短视频账户或向以其他形式为短视频账户带来增量。

甘有琴的家乡是远近闻名的水果之乡，当地人多凭销售水果维生。其常在所发布的短视频中展示自己为果树施肥、采摘果子的内容。这些内容吸引了想购买水果的粉丝，促成当地水果的大卖。而往年，甘有琴的家乡因交通不便以及缺少销售渠道，水果常处于滞销状态。"电商 + 短视频"的营销模式为其家乡带去了新的发展机遇。

## 2. 打通上下级

此营销闭环的第二环节是打通承载端和转化端的流量。通俗来讲，即令同一顾客尽可能关注乡村电商团队的更多平台。这样顾客可以通过多个渠道了解农产品的信息，其消费时的安全感会大大增加，成交率便会随之上涨。

甘有琴家乡芒果滞销，她仅用时一晚，便帮当地人民卖掉 15 万斤芒果。这是因为甘有琴开设的淘宝店上架了滞销芒果产品，其在短视频内容中对这些产品进行了推销，大量顾客看完她短视频中的介绍内容，便去淘宝店下单。

从这个案例中可以得知短视频市场的巨大潜力。农业本身就具有非常大的潜力，而"电商 + 短视频"模式令优质农产品的价值得以发挥。

## 3. 高频带低频

此营销闭环的第三环节是高频带低频。很多农产品是相对低频产品，比如，在草莓收获季，各地都在卖草莓，那么部分地区的草莓就变成了无人问津的相对低频产品。但"电商 + 短视频"的模式则改善了这一弊端，因为短视频点击量大，短视频带来的流量会让相对低频的产品得到流量和关注。

甘有琴成功帮助家乡卖出滞销芒果就是得益于其发布的短视频内容带来的流量。

"电商 + 短视频"的营销闭环模式为乡村带来了巨大的经济价值，它依托大数据，迅速帮助农产品匹配有潜在消费兴趣的用户，使农产品走出农村。它是乡村振兴的一大助力，乡村可借鉴这种模式发展自身产业。

# 第 10 章
# 乡村生态游成为时尚新选择

随着生活水平的提高和消费观念的转变，人们在旅游文化方面的需求也不断加强，全国旅游市场发展迅猛，每年的旅游消费总量均大幅上涨。

游客拥有丰富的消费经验，对于旅游体验的要求日益提高。与之对应的是，各类项目和观光旅游点相继开发，不同观光旅游景点的同质化程度提高，旅游市场的竞争更加激烈。在这样的情况下，生态化的乡村旅游从中脱颖而出，成为人们休闲养老的新去处。

## 10.1 乡村旅游焕发新活力

经济发展使得游客在旅游方面的需求增大，乡村旅游业在这一过程中也迅速发展，具体表现为乡村旅游市场日渐成熟，产品同质化现象逐渐改善等。下面将具体介绍乡村旅游的优势以及乡村旅游业的发展方法。

### 10.1.1　悠闲生态游成为新选择

乡村旅游主要具有如下几个优势。

（1）吸引力。人们消费观念的转变为文化旅游市场带来了巨大的变化。

首先，游客结构发生了变化，游客群体中老年人比例和青少年比率逐年提高；其次，游客旅游需求也更加多样化，观光游、体验游、亲子游、主题游等不同形式的旅游方式层出不穷。而以健康、绿色为主题的生态化乡村旅游项目对不同年龄段游客们都有吸引力，能够满足其多样化的需求。比如，老年游客追求养生与健康，中年游客追求舒适与放松等。

（2）独特性。乡村的自然风光和风土人情是得天独厚的开发优势。其独特性、趣味性能提升游客的旅游体验，为游客带来不同于以往的愉悦感、刺激感，悠闲的旅游环境也能为游客提供安全感、舒适感。游客享受旅游过程并愿意为各类体验活动买单。

（3）沉浸感。与普通的游览景点不同，乡村的生态旅游项目能使游客沉浸其中，从食住行等方面带给游客沉浸式的生态型生活体验。比起城市的繁忙生活，轻松悠闲的乡村生活使游客享受其中，而其也能吸引游客重复体验。

这给乡村的启示是：乡村欲提升旅游体验，就要运用旅游区独有的资源，结合各种合适的技术手段，不断提升自身旅游项目的优势，达到吸引游客、促进消费、留住游客的目的。

### 10.1.2　乡村旅游产品多元化发展

乡村旅游指的是以乡村地区为空间，以旅游度假为宗旨的特色旅游方式。其优势在于人文独特、生态优美。

传统的乡村旅游方式是游客到乡村地区体验乡村民情、礼仪风俗等，还可以观赏当地当季的农作物种植过程，若有兴趣便可以参与其中，体验耕作的乐趣。此外还有观赏当地的自然风光，在乡村及其附近住宿，深度体验乡村生活模式。

而近年来，在政策的大力扶持以及新媒体技术的支持下，乡村旅游的发展极为迅速。围绕乡村旅游涌现了大量的旅游概念与理论，比如，游居、诗意栖居、第二居所等。这些新型旅游概念与理论丰富了乡村旅游的形式与内涵，将乡村旅游从日渐同质化的市场中解脱出来。

乡村旅游是乡村发展的重要途径，是乡村振兴的关键手段。关于乡村旅游项目的发展方法，可以参考《农业农村部办公厅关于印发〈2020 年乡村产业工作要点〉的通知》（农办产〔2020〕1 号）。

关于乡村旅游业的发展方法，该文件提到：

一是建设休闲农业重点县。按照区域、国内、世界三个等级资源优势要求，建设一批资源独特、环境优良、设施完备、业态丰富的休闲农业重点县，打造一批有知名度、有影响力的休闲农业"打卡地"。

二是培育休闲旅游精品。实施休闲农业和乡村旅游精品工程，建设一批设施完备、功能多样的休闲观光园区、乡村民宿、农耕体验、农事研学、康养基地等，打造特色突出、主题鲜明的休闲农业和乡村旅游精品。开展休闲农业发展情况调查和经营主体监测。

三是推介休闲旅游精品景点线路。运用网络直播、图文直播等新媒体手段多角度、多形式宣传一批有地域特色的休闲旅游精品线路。开展"春观花""夏纳凉""秋采摘""冬农趣"活动，融入休闲农业产品发布、美食活动评选等元素，做到视觉美丽、体验美妙、内涵美好，为城乡居民提供休闲度假、旅游旅居的好去处。

## 10.2 打造有"文化味"的乡村旅游项目

乡村旅游业发展的基础是乡村文化，这也是乡村旅游业区别于其他旅游项目的地方。因此在发展乡村旅游业时，乡村地区必须以文化为圆心，打造有文化特色的旅游项目，保持独特性和竞争力。下面将结合具体案例来讲解打造有"文化味"的乡村旅游项目的方法。

### 10.2.1 突出乡村的文化优势

文化理念是打造乡村旅游产业的关键因素。例如，回归传统生活一直是农家乐旅游业的文化理念，并且该旅游业多年来始终不变地贯彻着这一理念。各种绿色、淳朴的传统生活方式让人们逐渐把"放松"二字与该旅游业联系到一起。这就是文化理念为旅游产业带来的吸引力。

文化理念必须要有足够的吸引力，能引起人们的好奇心与欲望，从而让人们主动选择到某地旅游。下面以黄山市徽州区乡村旅游的案例为引，讲解乡村应如何规划带"文化味"的旅游产业。

黄山市徽州区有着悠久的历史文化。身为徽文化的发祥地，该地域独有着徽派建筑、徽菜、徽剧等十几个传统文化体系。该地域内大量保留着完整的古建筑与古代文化遗迹，被誉为"文物之海"。此外，该地域还拥有着大量非物质文化遗存，比如徽墨、歙砚这类的传统工艺，叠罗汉、徽剧这类的民俗文化以及徽州糕点、茶艺这类的特色饮食。

上述文化遗产散落在徽州区各乡村。它是此地区别于其他乡村旅游地区的最突出优势，是其乡村旅游业的核心竞争力。

此外，该地域有着优越的自然生态条件，其间坐落着 7 个省级自然保护区与三个国家森林公园，被誉为"乡村天然氧吧"。

黄山市在发展该地区乡村旅游业的时候，从三点进行了旅游规划。

第一点是结合当地资源状况进行开发。该地域拥有鲜明独特的徽文化，因此其将乡村旅游发展同徽文化结合。悠久的徽文化、美丽的自然风光以及优越的生态环境是此地域发展乡村旅游的重要载体。

第二点是通过个性主题在同质化竞争中立足。从乡村旅游产品层面看，诸村落的旅游区域都具有相似的基本功能，比如住宿、观光、餐饮等。其差异之处在于侧重点的差异。但该区域结合乡村现实情况，成功提炼出不同于其他区域的徽风徽韵主题。这种个性主题帮助该地域摆脱同质化竞争，令黄山市徽州区顺利开展了深度乡村旅游。

第三点是重点梳理、挖掘当地具有潜力的个性元素。该地域以市场需求为基础，将地域个性卖点进行深度包装，突出其主题与个性，打造能够吸引中间商、投资商和消费者的乡村主题旅游产品。

黄山市徽州区凭着上述三个步骤，成功塑造了具有"文化味"的乡村旅游品牌。各乡村在发展乡村旅游业时，也可根据上述步骤先行规划，确保自己的旅游产业能够有独特的文化理念，避免陷入同质化。

## 10.2.2 以特色产业优化旅游项目

文化理念是田园综合体的灵魂所在，是其发展的蓝图，是田园综合体发展的最终目的。它指导田园综合体"去何处"以及"如何去"。因此田园综合体的发展必须以文化理念为圆心，发展与文化理念相一致的特色产业。以下是以文化为圆心，发展特色产业的具体做法。

### 1. 增强乡村旅游的文化内涵

目前，我国存在乡村旅游模式雷同、质量不高的状况。这使得游客对乡村旅游产品的热情与好奇降低，非常不利于乡村旅游业的发展。

因此，乡村在开发旅游项目时，一方面要进行系统性的规划，根据当地的区位优势以及资源优势整合旅游资源，在此基础上科学地策划旅游开发项目；另一方面，乡村应从民风民俗、特色文化方面入手，加强旅游产品的文化内涵建设，提升其质量与档次。

### 2. 保持本色，突出特色

开发乡村旅游项目时必须牢记开发宗旨，始终本着保持乡村特色，突出田园特色的开发宗旨，防止乡村旅游项目出现城市化倾向。

### 3. 做到 4 个结合

开发乡村旅游业应做到：一、与其他旅游开发项目相结合；二、与乡村振兴事业相结合；三、与周边城镇建设事业相结合，互相促进、共同发展；四、与生态保护事业相结合。

### 4. 加强农民参与度，对农民进行培训引导

农民对于乡村旅游业有着重要作用。农民是乡村文化的主体，决定着乡村旅游的氛围。乡村人文文化也是乡村旅游项目的重点内容。

因此乡村在开发旅游项目时，应将农业、农民和乡村发展视为整体，加强对农民的培训与引导工作。

加强对其培训与引导工作有助于提升农民群体的素质，激发其参与旅游项目建设的积极性，如此，旅游业能够成为乡村重要产业，令广大农民真正受益。

### 10.2.3 发展"菊花经济"，打造特色乡村游

说起乡村旅游，贵州省龙里县的"龙湖花海"项目案例无疑值得各乡村学习。该项目于 2019 年使得当地 160 多户贫困户成功脱贫，为当地带来了巨大的收益。下面来具体看一下该地区的"菊花经济"是如何带动当地旅游业顺利发展的。

1. 与其他旅游项目的开发相结合

乡村地区在开发旅游项目时，不能脱离区域内其他旅游资源与景点。同一区域内的旅游资源彼此之间并非竞争关系，其吸引力可以叠加，客源可以流动。因此乡村不能片面地将开发乡村旅游项目解读为开发某种农业资源，而是要与区域内其他旅游项目的开发相结合。

龙里县在发展旅游项目时，就注重整体区域的宣传。其以"龙湖花海"项目为中心，将各旅游项目的吸引力聚集到一起，使资源共享、优势互补，构建各旅游项目共同发展的局面。这种做法为当地带来了巨大的收益。

2. 与农村扶贫相结合

乡村地区在开发旅游项目时，应注重与农村扶贫事业相结合。

由于产业有限，岗位稀少且人均素质偏低，我国乡村地区存在着大量剩余劳动力。而开发乡村旅游项目能够增加乡村地区的就业机会，从一定程度上减弱农村地区的就业压力。

龙里县的菊花相关的旅游项目为当地带来了大量工作岗位，包括采摘菊花、服务岗位、菊花产品加工等，如图 10-1 所示。

图 10-1　龙里县的村民在采摘菊花

此外，该地区的龙湖花海生态农业观光基地也是当地与农村扶贫事业结合的成功案例。此基地凭借党支部、农户与合作社合作的形式，令村集体经济得到了迅速发展。

### 3. 与资源、环境保护相结合

乡村地区在开发旅游项目时，要坚持开发与保护相结合的原则。优质的生态环境是乡村地区发展旅游业的根本，也是乡村旅游项目的吸引力所在。因此乡村必须做好开发规划，在生态资源得到充分保护的前提下开发资源。保护生态必须贯穿开发旅游项目的全过程。

龙里县在开发旅游项目前，做了大量的开发规划，确保当地生态环境不会在旅游开发途中被破坏。当旅游项目落实后，该地区坚持叮嘱前来参观的游客保护环境，比如，游客采摘过的菊花可以放进回收箱。正是这种与资源、环境保护相结合的意识令该地区走上了可持续发展的道路。

## 10.3　乡村旅游的衍生服务业

前文讲述了特色的重要性，诸如观光农业、民宿、健康养生项目都是依托乡村地区的特色而开发的项目。下面将具体介绍乡村地区可开发的特色旅游项目以及开发这些项目的注意事项与方法。

### 10.3.1　观光农业

观光农业是农村特色服务业的项目之一。它是依据农业发展状况及特色进行的开发项目。乡村在开发观光农业项目时，应在满足观光农业功能的基础上，坚持以生态自然为本，使乡村地区的生态与经济协调发展。

乡村在开发观光农业项目时，应注意以下几点：

（1）观光农业项目必须能为乡村地区注入发展活力，带来实际利润。这也是开发观光农业项目的初衷和核心目的。

（2）观光农业项目必须能为乡村地区带来更多的就业机会。农民的生产活动属于第一产业，而观光旅游属于第三产业。原本农民生产活动和农业生产利润的附加价值相对较低，观光农业项目则让农民除了生产获利外，有更轻松的创收渠道和更高的收入。

（3）观光农业项目必须能吸引各方给予支持，包括政策方面、经济方面、场地方面等。其涉及的领域包括旅游业、林业、农产品加工业等。

这三点也是决定观光农业项目能否开展的关键要素，当观光农业项目同时满足这些要求时，乡村地区就可以进行相关的开发活动了。

讲完了开发条件，下面结合一个案例来看一下策划观光农业项目的具体思路。

某乡村地区开发了一个观光农场。该观光农场坐落在景区中心，因其依山傍水的自然风光而闻名。该观光农场集餐饮、住宿、休闲、娱乐和观光旅游等功能为一体，由于策划思路清晰，其在建设完成后的一年内成功地带动了当地经济的发展。下面来看看该观光农场的具体策划思路。

## 1. 依托人文景观和生态景观

乡村地区的人文景观和生态景观是其吸引力的来源之一，游客选择到乡村地区旅游正是因为对此感兴趣，这也是观光农业赖以发展的基础。

因此，乡村地区在发展观光农业时，首先要确认当地是否有吸引力足够的、同所规划的观光农业项目特色相匹配的人文景观和生态景观；其次应以人文景观和生态景观为基础，辅以建筑、农作物、高新农业生产基地与特色农村文化等元素；最后在建设方面，既要改造部分基础设施较差的环境，又要保护当地自然环境和自然风貌。

该观光农场在建设时，根据当地的农业生产条件设置了项目功能分区。以农园分区为例，该分区包含果树林、菜园等农业生产用地。这些地方原本只有生产功能，该观光农场在其附近建设了农舍与加工场所，将其变为后勤生产基地。此外，游客还能够观看农民收获农作物的场景，还可以选择亲自付费采摘。

### 2. 注重住宿和体验环节

观光农业项目的受众多为近距离城镇地区的上班族、节假日游客、退休老年人群体等。许多游客将这种沉浸式的体验当作一种生活方式。因此，乡村在策划观光农业项目时，必须注重游客的住宿和体验环节。

住宿环节的重点是"静"，自然环境要恬静、住宿环境要幽静；体验环节的重点是"动"，休闲项目、体验项目要让游客有足够的参与感，充分与游客互动。这样能够满足游客在自然环境中放松身心的需求，延长其游玩时间、增加游客的消费。

在住宿环节，该观光农场的住宿区面朝山谷而建，风景优美、设施完善，让游客在优美舒适的环境中得到了休息；在体验环节，该观光农场设有采摘体验环节。农场内果园的果实不仅对游客和餐厅提供，还允许游客付费进入果园采摘并参与加工过程。此外，该农场还提供各类体育活动场所、户外运动活动场所以及按摩馆等。

### 3. 深度挖掘并利用乡村文化

独特的乡村文化能够赋予观光农业项目灵魂和发展方向，使其保持长期的繁荣。因此乡村在开发观光农业项目时应深度挖掘当地特色文化，比如，名人故居、传统美食、戏曲文化、耕种文化等。这些都可以应用到观光农业项目策划中。

该观光农场的部分住宿建筑就仿建了当地的传统建筑，餐厅也提供当地特色美食。

### 4.突出特色和主题策划

特色是观光农业项目的核心竞争力，而主题是其核心吸引力。因此乡村在开发观光农业项目前，要盘点当地可开发的资源数量并利用好当地的特色资源，具体可以从地域角度、季节角度、景观角度、生态角度、知识角度、文化角度、传统角度等角度去营造特色。

确认好项目特色后，乡村可以开始策划观光农业项目的主题。该观光农场盛产树莓，因此以树莓为主题，设计了树莓屋住宿、树莓采摘园、树莓特色餐饮品尝、树莓酱加工等环节。

清晰的策划思路能够帮助乡村地区提高建设观光农业项目的成功率，助其规避开展过程中的部分陷阱。乡村可以沿着依托人文景观和生态景观—注重住宿和体验环节—深度挖掘并利用乡村文化—突出特色和主题策划这个思路，结合决定观光农业项目能否开展的几点要素去建设观光农业项目。

## 10.3.2 民宿

在政策、互联网等因素的影响下，乡村地区和乡村旅游市场迅速发展。越来越多的游客有了探索乡村，回归自然的兴趣和需求。而"民宿热"就是在这个过程中兴起的。

民宿，顾名思义，就是当地居民利用闲置房屋为游客提供的住宿设施。这种住宿设施往往面积不大，但能够帮助游客体验当地的自然环境与本土文化，且价格实惠，因此受到消费者欢迎。下面来具体看一下民宿的优势。

1. 民宿能够盘活闲置的乡村房屋资源。

给农民增收，并在传统的农村产业链中，农民的农房只供其居住，没有其他价值和作用。但是随着乡村旅游项目的开展，游客的住宿需求增加，农民便可以利用农房办民宿。这种出租闲置农房赚取租金及额外消费费用的方法拓宽了农民的收入渠道，带动了乡村地区的经济发展。

以云南大理为例，当地村民大多将闲置农房打造成小客栈类型的民宿。这不仅减缓了当地的就业压力，还为当地村民带来了非常可观的收益。

2. 民宿能够有效输出地方特色文化

在民宿同质化严重的市场中，许多游客对民宿的印象都大同小异，因而特色成为民宿的核心竞争力。在打造民宿前，村民可以详细地分析所属地区的特点和优势并结合游客的消费需求，确定何种优势能够成为民宿的特色。

确定好民宿的特色后，村民可以用特色为民宿冠以名称。比如，某民宿位于龙门古镇，直接用地名加上"驿事"二字为民宿命名。龙门驿事符合古镇气质，并且给予游客一种故事感，因此吸引了大量游客前来体验。

特色能够吸引消费者关注，而特色化的民宿能够使其在同质化市场中脱颖而出。游客在居住特色民宿的过程中，会接触管理民宿的村民并通过村民直接了解当地的风土人情。若民宿的建筑具有当地特色，游客可以直接体验当地传统住宿方式，而且特色民宿普遍提供由当地人制作的本土美食。总结一下就是，这种从衣食住行角度为游客提供沉浸式体验的特色化民宿，能够让游客直观地感受到乡村的独特文化。

但是民宿不只存在优势。随着民宿市场的发展，其弊端也日益显现。

下面来看一下民宿的弊端都有哪些方面。

（1）缺乏统一建造标准。经营民宿的门槛低，因此市场上存在着大量质量良莠不齐的民宿。

（2）缺乏有效的监管措施。民宿的安全性相对低于酒店，且往往是个体经营，其可能存在着硬件不过关、配套设施不足、卫生不达标、无证经营等问题。民宿市场兴起时间短，监管措施相对不足，游客的权益很难得到保障。

（3）缺乏特色。很多地方跟风建立民宿，装修雷同，各民宿之间复制模仿严重。

（4）民宿收入受淡旺季影响，农民的收入也因此不稳定。在旺季时，大量游客涌入，民宿缺乏足够的承载力。

（5）随着民宿市场的发展，大量商业资本介入开发，导致农民的权益得不到保障。

村民和投资者在打造民宿时，一定依据上述利弊综合考量，确保不会因为盲目开设民宿而得不偿失。

## 10.3.3　养生旅游

随着经济水平的提高，人们的物质生活和精神生活的质量不断上涨，其对"健康、长寿"的需求也越来越强。但日常养生手段无法人们的需求，人们渴望将养生变成一种全方位的生活方式。

与此同时，根据中国发展基金会发布的《中国发展报告2020：中国人口老龄化的发展趋势和政策》，2019年末中国60岁及以上的老年人口数达到 2.54 亿，占总人口比例 18.1%，65 岁及以上老年人口达到 1.76 亿人，占总人口的 12.6%。

报告中还预测，2022 年左右，我国将从老龄化社会转变为老龄社会，彼时 65 岁及以上人口将占总人口的 14% 以上。

老龄人口对于养生旅游的兴趣和需求更高，消费能力也更强，这为乡村旅游业带来了重大发展机遇。那么，乡村旅游应如何与健康养生项目相结合呢？下面将从六个角度来讲解一下具体方法。

1. 景观角度：以静养生

乡村地区的山水风光本身就是一种健康符号。这些独特的天然景观能够从视觉上让人愉悦，从心灵上使人平静，令人摆脱快节奏生活带来的浮躁。其能够缓解抑郁，舒缓心情，从情绪角度帮助人养生，起到保健作用。

2. 空气角度：以气养生

空气质量是影响健康的重要因素。城镇地区的人居民长期受雾霾等恶劣空气的影响，其在呼吸道、心血管方面的患病率更高。而乡村地区的森林、草地等植被密集处含有大量的生态负氧离子，这种离子具有养生功能，能够满足人们预防疾病及养生保健的需求。

3. 农耕角度：以动养生

我国自古就盛行"以动养生"的观念。唐代孙思邈在《千金方》中记述："养生之道，常欲小劳。"意思是适量的劳动有助于健康养生。而乡村地区的农耕劳作能够让人们在体验农耕文化中修身养性，在适量劳动中保持健康。

4.人文角度：以和养生

乡村地区有着优质的传统人文资源。它讲求人与自然的和谐统一。乡村地区的优秀生活传统、民俗活动等人文资源，都可以用来发展养生项目。乡村可以举办传统文化节或非物质文化体验活动，游客则可以在参与过程中，借助人文活动陶冶身心。此举动令乡村养生与文化传承达到双赢局面。

5.饮食角度：以食养生

饮食是养生过程的重要环节。健康的食品对塑造优秀体格有着至关重要的作用。乡村地区的绿色、有机、无污染食品受到许多消费者的追捧。

6.环境角度：以睡养生

睡眠质量也是决定养生质量的关键因素。乡村地区没有各种交通往来的噪音，夜间娱乐活动少，其间各种蛙声蝉鸣被称为"白噪音"，有助于提高睡眠质量。在乡村地区人们更容易拥有规律的生物钟，睡眠质量更高，能够轻松地"以睡养生"。

通过自然与养生的融合，将健康养生变为一种生活方式，乡村旅游业能拥有更持续、更符合消费者需求的旅游项目。这种特色服务业真正地使消费者获益，使乡村旅游业发展更迅速，能够令两方双赢。

# 第 11 章
# 打造田园综合体，发展高价值农业

　　田园综合体的关键在于"综合"二字。它将度假、体验、疗养等项目与自然风光、农业结合到一起，满足了人们对于慢节奏、原生态的自然生活方式的期待。田园综合体能够盘活乡村闲置资源，为乡村带来丰厚的收益和广阔的发展前景。越来越多的乡村地区着手开发田园综合体项目。

　　但是田园综合体的开发不应盲目，它对于开发条件有诸多要求。下面将为读者具体介绍打造田园综合体的要求以及方法。

## 11.1　什么是田园综合体

　　建设田园综合体是一项庞大而复杂的工程，因此乡村必须在建设前对其有足够的了解。田园综合体的总特征包括三方面，分别为以农业为基础、以文化为灵魂、以体验为活力。

　　本章将以这三方面为框架，具体介绍田园综合体的特征、优势，田园综合体文化理念的重要性以及构建方法等。

### 11.1.1 集农业、旅游业、田园社区为一体

田园综合体是一种新型乡村综合发展模式，它集农业、旅游业与田园社区为一体，具有可持续性。在田园综合体模式下，乡村可通过旅游业来促进农业发展，使一、二、三产业融合。田园综合体具有如下四点特征。

#### 1. 强化融合突出体验

强化融合突出体验指的是田园综合体模式能够使农业从单纯的第一产业向第二、三产业延伸发展，由单纯的生产变为生产、销售、旅游等并存。举例来说，曾经农业只是由农民劳作，但在这种模式下，游客可以观赏农民劳作并在观赏后购买农产品，各产业彼此依存、相互促进。

#### 2. 农民广泛参与受益

农民广泛参与受益指的是农民在参与田园综合体的构建过程时，享受其带来的各种效益。比如，当一个田园综合体中包含草莓种植园采摘体验环节，此草莓种植园是由农民搭建的，游客进入草莓种植园需要购买门票，门票收益便归农民。原本草莓种植园产出的作物还面临滞销风险，当其变为采摘体验园地时，农民面临的草莓滞销风险也被降低。

#### 3. 集约配置乡村资源

集约配置乡村资源指的是在田园综合体模式下，当地农村的各

种物质和非物质资源会由专业人士进行系统管理与分配。如此，资源能得到最大限度地开发和利用。

### 4. 强调农业创意理念

强调农业创意理念指的是乡村应按照个性化、特色化、艺术化的原则打造田园综合体，同时将此原则应用于产品设计与产品服务中。

但田园综合体的基础是农业，不是旅游业。如果农业方面存在问题，田园综合体就没有生根发芽的土壤。因此，要想成功地打造田园综合体，乡村必须要严把农业的质量关。对于农业生产的每一个环节都要进行质量检测，在进行农产品销售之前，乡村也要通过试吃、试用等方法切实地感受农产品的质量。

农业的质量和发展程度是打造田园综合体的关键因素，农业质量好，乡村才能打造质量有保障的田园综合体。

## 11.1.2 特色文化理念充分渗透

乡村在构建乡村田园综合体时，为实现发展目标和吸引游客，需要建设相应的文化理念。这种文化理念是打造田园综合体的关键因素，是其灵魂所在。其中包含田园综合体的价值观、生活理念、健康观点、娱乐方式、特色项目以及发展规划等。

建设田园综合体文化理念面向乡村和全体游客。乡村可以借助宣传、教育、培训、交心、娱乐等手段，来最大限度地培养村民和游客归属感与认同感，使村民为构建田园综合体共同目标努力，使游客向往并热爱田园综合体的生活，从而推动田园综合体的发展。

构建田园综合体文化理念有七个步骤：

### 1. 清晰田园综合体发展目标及使命

要想清晰构建出田园综合体的文化理念，就要先明确该田园综合体发展的最终目标和其创造使命。最终目标和田园综合体的使命给予田园综合体前进方向，使乡村能开展关于田园综合体的发展构想。

乡村应在田园综合体的文化理念构建的前期，从田园综合体管理模式、田园综合体管理制度、田园综合体管理思想、田园综合体成功要素、田园综合体发展面临的风险等方面进行深入思考，制定田园综合体的文化理念的雏形。

### 2. 构建简洁、实用的文化理念体系

田园综合体管理涉及多方面管理，故而田园综合体的文化理念也需要从多方面与之对应。但在构建文化理念体系时一定要系统、简洁、实用。要做到这几点，可以从以下几个方面着手：

一是明确田园综合体的核心文化理念，将重点放在田园综合体的文化独特处和出彩点上。

二是在明确田园综合体发展目标的基础上，确保田园综合体所构建的文化理念具有可实践性。其必须有助于驱动田园综合体朝目标前进并能引导田园综合体有效规避发展风险。

三是核心文化理念能有效统领文化理念体系，对各个文化理念体系进行指导。

四是构建文化理念体系的过程中必须集思广益，保证全体村民的参与度。

### 3. 沟通、认知

文化理念体系构建完成后，乡村所需要的做的就是将其付诸实践。田园综合体要将文化理念体系传输给全体村民，保证村民的行为遵从田园综合体的文化理念体系，保证乡村上下思想统一。

在这个过程中带头人必须发挥沟通和示范的作用。带头人在行动、培训、沟通时要重点对田园综合体的文化理念进行阐释和强调，强化村民对文化理念体系的认知。

### 4. 将文化理念植入田园综合体架构

田园综合体架构和田园综合体文化理念相辅相成，关联密切。田园综合体文化理念影响田园综合体的构成，匹配的田园综合体架构有利于实践田园综合体文化理念，田园综合体的各个组成部分的职责和水准应与田园综合体文化理念相符。

### 5. 双向传输文化理念

文化理念的传播，要从内部和外部两个方面入手。深刻内化是文化理念传播的基础，没有经过深刻内化，村民的文化理念和行为方式不统一，田园综合体没有凝聚力，则文化理念向外传达的效果只会浮于表面。

打牢内化的基础后，再向外部传播田园综合体文化理念，可有效提升村民对田园综合体文化理念的荣誉感和自豪感，丰富田园综合体文化理念的内涵，增强田园综合体吸引力。

### 6. 评估、反思

进行了上述步骤后，乡村可对文化理念实践的过程和效果进行科学评估并以此作为改进的基础。评估过程中要重点调查村民与游客对文化理念的认同度、田园综合体当前氛围、文化理念是否对田园综合体每个组成部分起到有效指导等方面。

### 7. 反馈、螺旋式提升

评估完成后，乡村要依据评估结果进行反馈。对现存状况充分分析、归类并给予相应反馈。最后根据具体问题提出切实可行的解决方案。

乡村一定要充分地使文化理念充分渗入田园综合体发展的过程中，使文化理念及田园综合体的发展与村集体的收入、发展等有效对接，同时对其定期评估、改进，使田园综合体得到快速发展。

## 11.1.3　超强的体验感与参与感

体验感是田园综合体的吸引力来源。游客会选择为田园综合体付费，是因为其在田园综合体内能体验到满足其某种需求的生活。

因此，乡村在打造田园综合体时，应提前做好大量的调研，比如，分析游客的特点并找出其痛点、结合乡村的区位与资源优势进行规划等。抓住游客需求并调动其对田园综合体的兴趣，给予其充分的体验感，就能达到培养游客认同感与归属感、使田园综合体持续发展的目的。

下面将具体介绍田园综合体能给予游客何种体验感，以及田园综合体如何给予游客体验感。

先来看田园综合体能给予游客何种体验感。田园综合体能给予游客体验感之处，就是其本身的优势。

## 1. 生态资源优势

构建田园综合体最根本的依托是乡村的生态环境，比如，山水风景、田园风光、园林花圃等等。将这些资源打造成田园综合体的过程，也是盘活农村地区闲置生态资源的过程。

## 2. 产业融合优势

田园综合体具有极强的融合性。它能与农业生产相结合，开发采摘体验、生产观赏等旅游相关项目，也能与林业、商贸、文化等产业相结合，开发农家乐、特色民宿、文化节等创新项目，游客可以在这种三产融合的环境中获得丰富的体验。

分析完田园综合体能给予游客何种体验感后，再来看乡村该怎样打造田园综合体。

## 1. 确保客源足够

足够的客源是田园综合体能够发展的前提。要保证客源，乡村可以从两方面入手，一是保证交通条件足够便利，二是在选址前尽量接近人口繁华的城市。满足这两个条件后，田园综合体才能吸引更多的游客。

## 2. 优化住宿与餐饮条件

饮食和住宿两方面是影响游客整体的旅游体验的关键因素，也是田园综合体吸引力的重要来源。因此乡村必须着力优化住宿与餐饮条件。

在住宿方面，乡村可以依据当地实际条件，打造多元化住宿环境。依据游客的消费能力建造经济型酒店、特色民宿、高档酒店以及特色主题酒店，满足不同游客的需求；在餐饮方面，乡村一方面可以推出具有当地特色的美食，另一方面可以根据游客口味和市场风向推出一些创新餐饮，比如，绿色有机食物、养生食物等。

### 3. 推出特色娱乐活动

乡村可以在娱乐活动方面结合当地特色进行创新，紧跟风向潮流。比如，剧本杀是如今流行游戏，乡村可以在田园综合体内设置剧本杀休闲区，聘请专业人士编写与乡村有关的游戏剧本，既满足游客的娱乐需求，又让游客切实感受到乡村的氛围。

### 4. 保障消费足够便捷

如今电子支付成为主流付款方式，因此乡村要注重游客消费的便捷度。比如，乡村可以在线上平台售卖门票，让游客可以线上预订住宿和餐饮事宜等，让田园综合体的服务更加智慧、便捷。

### 5. 多招揽投资商，增加建设资金

乡村发展具有极大的潜力，许多社会投资人士都将目光集中在田园综合体的发展上，积极地参与投资田园综合体开发项目。乡村要多招揽投资商，确保田园综合体有足够的建设资金。

## 11.2　如何打造成功的田园综合体

　　田园综合体具有广阔的发展前景。前文介绍了田园综合体的特征、建设方法等。本章将结合无锡田园东方和成都多利农庄两个成功的案例，来具体介绍打造田园综合体的原则和必备条件，帮助乡村进一步提高打造田园综合体的成功率。

### 11.2.1　无锡田园东方："三个坚持"的发展原则

　　田园东方坐落于无锡市阳山镇，是我国首个田园综合体。该田园综合体以其高特色性，在短短五年时间内便发展成长三角区域首屈一指的旅游目的地。其成功离不开"三个坚持"的发展原则。

　　原则一是坚持以农为本。打造田园综合体的前提是以现代技术提升农业综合生产能力并突出农业特色。而田园东方的核心发展理念为"复兴田园，寻回初心"。该田园综合体在发展过程中始终以"田园生活"为关键目标，以"美丽乡村"为发展背景，致力于在保护当地生态环境、保证农业特色的基础上进行开发。

　　田园东方的开发项目共分三大板块，分别为现代农业、休闲文旅和田园社区。其旨在打造以生态高效农业为核心，以花园式农场运营为导向的综合性园区。这种以农业为核心的三产融合的发展模式，提高了其农业综合效益以及农业发展水平。

　　原则二是坚持共同发展。农民是打造田园综合体过程中过不可忽视的部分。乡村可以通过农村集体组织、农民合作社这类的渠道发挥农民的作用，鼓励并引导农民积极参与田园综合体的发展进程。

　　田园东方在发展的过程中，实施农村社区化管理模式以提高当地公共服务的品质。为确保农民能够参与打造田园综合体的过程并从中获利，该地区积极设立企业、合作社等，促使田园综合体的发展与农民利益相联结，令农民充分享受田园综合体的发展成果。

原则三是坚持循序渐进。乡村地区旅游项目存在同质化现象，因此在打造田园综合体的过程中，应注重利用区位优势与资源优势，从当地实际出发，依据自身特色循序渐进地发展。

田园东方的休闲文旅板块以"创新发展"为理念，在注重挖掘自身优势的基础上，积极引进文化市集、教育基地等合作资源，使自身形态多元化，模式多样性。

无锡田园东方给乡村的启示是：乡村地区在打造田园综合体时，应在保持自身特色的基础上，坚持以农为本、共同发展、循序渐进的原则，令其适居适业，惠及各方。

## 11.2.2 成都多利农庄："六个优"的发展条件

成都多利农庄集农业、休闲与康养等项目于一体，它是我国田园综合体成功案例之一。该田园综合体的成功主要依托于六项优越的发展条件。下面来具体看一下。

### 1. 基础条件优

基础条件是乡村在打造田园综合体时应考量的第一个要素。

该区域地理位置优越，范围内农业基础设施相对完善，发展潜力大；基础设施完备，诸如水、电、路、网络等方面的基础设施条件好；农民合作组织规模大，企业与其关联密切。此外，该地区为建设田园综合体项目自筹了大量资金，并且拥有长期投入资金的能力，同时具有清晰的发展思路。

## 2. 生态环境优

生态环境是乡村在打造田园综合体时应考量的第二个要素。

成都多利农庄位于成都市西北方向的郫都区。其中包含的三道堰古镇是国家 4A 级旅游景区，其被赞称为"西部最美水乡"。在该地建设田园综合体，能够落实环保发展理念。该田园综合体在建设过程中，积极保留山水风景并坚持整体保护、综合治理自然生态。

## 3. 政策措施优

政策措施是乡村在打造田园综合体时应考量的第三个要素。

该田园综合体所在的区域地方政府积极性高。政府为田园综合体的建设提供了用地保障与财政扶持，并且在人才、科技创新应用等方面给予了大力支持。

## 4. 投、融资机制优

投、融资机制是乡村在打造田园综合体时应考量的第四个要素。

该田园综合体在建设过程中与村集体公司合作，村民可以用宅基地和集体建设用地入股，双方共同成立了村集体资产管理公司。

在后续发展过程中，随着对发展资金需求量的增加，该田园综合体引入了中国平安集团对其投资控股并为开发项目提供资金。

## 5. 带动作用优

该田园综合体利用农村集体组织、农民合作社等乡村组织引导农民参与到田园综合体项目的建设过程中来。其采用了股份合作制、利益共享制等制度，为农民的参与权与受益权提供了充分保障，使农民在此过程中与田园综合体项目共同受益。

## 6. 运行管理优

该田园综合体依据当地的产业规划与新型经营主体发展培育的现状，因地制宜地制定了特色化的田园综合体建设模式与运营管理模式。其积极引导当地的村集体组织和企业等共同建设田园综合体，成功地盘活了大量闲置资源。在独特、高效的田园综合体建设模式与运营管理模式下，各方建设田园综合体的积极性空前高涨。

多利农庄的案例给建设田园综合体的乡村的启示是：

（1）乡村在建设田园综合体时，应围绕具有基础、特色、规模和潜力等因素的乡村进行建设活动。

（2）乡村应完善当地基础设施. 在坚持产业融合的发展原则下，重点突出农业并发展循环农业、创意农业。

（3）乡村要明确农村集体组织在整体建设过程中的地位和作用，让农民与田园综合体共同获益。

（4）乡村应积极与政府、商业资本合作，开拓项目建设的资金来源。

# 附录一
# 2018—2021 年我国智慧农业发展
# 政策要点与发展目标

| 时间 | 政策 | 政策要点 | 发展目标 |
|---|---|---|---|
| 2018 年 | 2018 年中央一号文件 | 发展数字农业 | 发展高端农机装备制造、大力发展数字农业，实施智慧农业林业水利工程，推进物联网试验示范和遥感技术应用。 |
| 2019 年 | 2019 年中央一号文件 | 加快突破农业关键核心技术 | 强化创新驱动发展，实施农业关键核心技术攻关行动，培育一批农业战略科技创新力量，推动生物种业、重型农机、智慧农业、绿色投入品等领域自主创新。建设农业领域国家重点实验室等科技创新平台基地，打造产学研深度融合平台，加强国家现代农业产业技术体系、科技创新联盟、产业创新中心、高新技术产业示范区、科技园区等建设。强化企业技术创新主体地位，培育农业科技创新型企业，支持符合条件的企业牵头实施技术创新项目。支持薄弱环节适用农机研发，促进农机装备产业转型升级，加快推进农业机械化。加强农业领域知识产权创造与应用。加快先进实用技术集成创新与推广应用。 |

| 时间 | 政策 | 政策要点 | 发展目标 |
|------|------|----------|----------|
| 2020 年 | 2020 年中央一号文件 | 加强现代农业设施建设 | 提早谋划实施一批现代农业投资重大项目，支持项目及早落地，有效扩大农业投资。依托现有资源建设农业农村大数据中心，加快物联网、大数据、区块链、人工智能、第五代移动通信网络、智慧气象等现代信息技术在农业领域的应用。开展国家数字乡村试点。 |
| 2021 年 | 2021 年中央一号文件 | 实施数字乡村建设发展工程 | 推动农村千兆光网、第五代移动通信（5G）、移动物联网与城市同步规划建设。完善电信普遍服务补偿机制，支持农村及偏远地区信息通信基础设施建设。加快建设农业农村遥感卫星等天基设施。发展智慧农业，建立农业农村大数据体系，推动新一代信息技术与农业生产经营深度融合。完善农业气象综合监测网络，提升农业气象灾害防范能力。加强乡村公共服务、社会治理等数字化智能化建设。 |

# 附录二
# 2018—2021 年乡村振兴有关政策盘点

| 时间 | 政策 | 政策要点 | 发展目标 |
|---|---|---|---|
| 2018 年 | 2018 年中央 1 号文件 | 实施乡村振兴战略 | 到 2020 年，乡村振兴取得重要进展，制度框架和政策体系基本形成。<br>到 2035 年，乡村振兴取得决定性进展，农业农村现代化基本实现。<br>到 2050 年，乡村全面振兴，农业强、农村美、农民富全面实现。 |
| 2019 年 | 2019 年中央 1 号文件 | 做好脱贫攻坚与乡村振兴的衔接 | 紧紧围绕统筹推进"五位一体"总体布局和协调推进"四个全面"战略布局，牢牢把握稳中求进工作总基调，落实高质量发展要求，坚持农业农村优先发展总方针，以实施乡村振兴战略为总抓手，对标全面建成小康社会"三农"工作必须完成的硬任务，适应国内外复杂形势变化对农村改革发展提出的新要求，抓重点、补短板、强基础，围绕"巩固、增强、提升、畅通"深化农业供给侧结构性改革，坚决打赢脱贫攻坚战，充分发挥农村基层党组织战斗堡垒作用，全面推进乡村振兴，确保顺利完成到 2020 年承诺的农村改革发展目标任务。 |

续表

| 时间 | 政策 | 政策要点 | 发展目标 |
|---|---|---|---|
| 2020 年 | 2020 年中央1 号文件 | 坚决打赢脱贫攻坚战 | 加强解决相对贫困问题顶层设计，纳入实施乡村振兴战略统筹安排。抓紧研究制定脱贫攻坚与实施乡村振兴战略有机衔接的意见。 |
| 2021 年 | 2021 年中央1 号文件 | 全面推进乡村振兴加快农业农村现代化 | 要坚持把解决好"三农"问题作为全党工作重中之重，把全面推进乡村振兴作为实现中华民族伟大复兴的一项重大任务，举全党全社会之力加快农业农村现代化，让广大农民过上更加美好的生活。 |

# 附录三
# 2018—2021年乡村旅游相关政策盘点

| 时间 | 政策 | 政策要点 | 发展目标 |
|------|------|----------|----------|
| 2018年 | 2018年中央一号文件 | 打造乡村生态旅游产业链 | 实施休闲农业和乡村旅游精品工程，建设一批设施完备、功能多样的休闲观光园区、森林人家、康养基地、乡村民宿、特色小镇。<br>加快发展森林草原旅游、河湖湿地观光、冰雪海上运动、野生动物驯养观赏等产业，积极开发观光农业、游憩休闲、健康养生、生态教育等服务。创建一批特色生态旅游示范村镇和精品线路，打造绿色生态环保的乡村生态旅游产业链。<br>加强扶持引导服务，实施乡村就业创业促进行动，大力发展文化、科技、旅游、生态等乡村特色产业，振兴传统工艺。 |
| 2019年 | 2019年中央一号文件 | 打造生态化的、针对性强的乡村休闲旅游项目 | 允许县级按规定统筹整合相关资金，集中用于农村人居环境整治。鼓励社会力量积极参与，将农村人居环境整治与发展乡村休闲旅游等有机结合。<br>充分发挥乡村资源、生态和文化优势，发展适应城乡居民需要的休闲旅游、餐饮民宿、文化体验、健康养生、养老服务等产业。加强乡村旅游基础设施建设，改善卫生、交通、信息、邮政等公共服务设施。 |

| 时间 | 政策 | 政策要点 | 发展目标 |
|------|------|----------|----------|
| 2020 年 | 《数字农业农村发展规划（2019—2025 年）》 | 将互联网技术与乡村旅游项目结合 | 一是"农业旅游互联网＋"，创新发展共享农业、云农场等网络经营模式；<br>二是"智慧休闲农业平台"，完善休闲农业数字地图，引导乡村旅游示范县、美丽休闲乡村（渔村、农庄）等开展在线经营，推广大众参与式评价、数字创意漫游、沉浸式体验等经营新模式；<br>三是"农产品销售渠道多元化"，鼓励农产品出村进城工程，推动人工智能、大数据赋能农村实体店，全面打通农产品线上线下营销通道；<br>四是"农民就业数字化"，建设一批农民创业创新中心，开展农产品、农村工艺品、乡村旅游、民宿餐饮等在线展示和交易撮合，实时采集发布和精准推送农村劳动力就业创业信息。 |
| 2021 年 | 2021 年中央一号文件 | 开发精品乡村旅游路线 | 开发休闲农业和乡村旅游精品线路，完善配套设施。推进农村一二三产业融合发展示范园和科技示范园区建设。<br>加强农村资源路、产业路、旅游路和村内主干道建设。 |

# 附录四
# 2018—2021 年关于城乡结合发展
# 的相关政策盘点

| 时间 | 政策 | 政策要点 | 发展目标 |
|---|---|---|---|
| 2018 年 | 2018 年中央一号文件 | 缩小城乡发展差距 | 优先发展农村教育事业。高度重视发展农村义务教育，推动建立以城带乡、整体推进、城乡一体、均衡发展的义务教育发展机制。统筹配置城乡师资，并向乡村倾斜，建好建强乡村教师队伍。<br>继续把基础设施建设重点放在农村，加快农村公路、供水、供气、环保、电网、物流、信息、广播电视等基础设施建设，推动城乡基础设施互联互通。<br>实施数字乡村战略，做好整体规划设计，加快农村地区宽带网络和第四代移动通信网络覆盖步伐，开发适应"三农"特点的信息技术、产品、应用和服务，推动远程医疗、远程教育等应用普及，弥合城乡数字鸿沟。<br>建立城乡、区域、校地之间人才培养合作与交流机制。 |

续表

| 时间 | 政策 | 政策要点 | 发展目标 |
|------|------|---------|---------|
| 2019 年 | 2019 年中央一号文件 | 加快乡村发展步伐 | 支持乡村创新创业。鼓励外出农民工、高校毕业生、退伍军人、城市各类人才返乡下乡创新创业，支持建立多种形式的创业支撑服务平台，完善乡村创新创业支持服务体系。深化农村土地制度改革。在修改相关法律的基础上，完善配套制度，全面推进农村土地征收制度改革和农村集体经营性建设用地入市改革，加快建立城乡统一的建设用地市场。 |
| 2020 年 | 2020 年中央一号文件 | 城市资源向乡村倾斜 | 提高农村供水保障水平。全面完成农村饮水安全巩固提升工程任务。统筹布局农村饮水基础设施建设，在人口相对集中的地区推进规模化供水工程建设。有条件的地区将城市管网向农村延伸，推进城乡供水一体化。改善乡村公共文化服务。推动基本公共文化服务向乡村延伸，扩大乡村文化惠民工程覆盖面。鼓励城市文艺团体和文艺工作者定期送文化下乡。有组织地动员城市科研人员、工程师、规划师、建筑师、教师、医生下乡服务。城市中小学教师、医生晋升高级职称前，原则上要有 1 年以上农村基层工作服务经历。 |
| 2021 年 | 2021 年中央一号文件 | 加快县域内城乡融合发展 | 推进以人为核心的新型城镇化，促进大中小城市和小城镇协调发展。把县域作为城乡融合发展的重要切入点，强化统筹谋划和顶层设计，破除城乡分割的体制弊端，加快打通城乡要素平等交换、双向流动的制度性通道。统筹县域产业、基础设施、公共服务、基本农田、生态保护、城镇开发、村落分布等空间布局，强化县城综合服务能力，把乡镇建设成为服务农民的区域中心，实现县乡村功能衔接互补。壮大县域经济，承接适宜产业转移，培育支柱产业。加快小城镇发展，完善基础设施和公共服务，发挥小城镇连接城市、服务乡村作用。 |

# 附录五
# 构建田园综合体有关政策盘点

| 时间 | 政策 | 政策要点 | 发展目标 |
|---|---|---|---|
| 2017 年 | 2017 年中央 1 号文件 | 支持有条件的乡村建设田园综合体 | 支持有条件的乡村建设以农民合作社为主要载体、让农民充分参与和受益，集循环农业、创意农业、农事体验于一体的田园综合体，通过农业综合开发、农村综合改革转移支付等渠道开展试点示范。 |
| 2017 年 | 《关于开展田园综合体建设试点工作的通知》 | 开展田园综合体建设试点工作 | 1. 夯实基础，完善生产体系发展条件。<br>2. 突出特色，打造涉农产业体系发展平台。<br>3. 创业创新，培育农业经营体系发展新动能。<br>4. 绿色发展，构建乡村生态体系屏障。<br>5. 完善功能，补齐公共服务体系建设短板。<br>6. 形成合力，健全优化运行体系建设。 |
| 2018 年 | 《国家乡村振兴战略规划（2018—2022 年）》 | 打造新载体新模式 | 依托现代农业产业园、农业科技园区、农产品加工园、农村产业融合发展示范园等，打造农村产业融合发展的平台载体，促进农业内部融合、延伸农业产业链、拓展农业多种功能、发展农业新型业态等多模式融合发展。加快培育农商产业联盟、农业产业化联合体等新型产业链主体，打造一批产加销一体的全产业链企业集群。推进农业循环经济试点示范和田园综合体试点建设。加快培育一批"农字号"特色小镇，在有条件的地区建设培育特色商贸小镇，推动农村产业发展与新型城镇化相结合。 |